展示缪斯
汉宝德再谈博物馆

汉宝德 著
黄健敏 主编

文化发展出版社
Cultural Development Press

目录 CONTENTS

01 展示规划与现代博物馆　　004

02 展示的基本性质　　038

03 展示的方法　　056

04 展示设计的艺术　　100

05 展示的美感　　128

06 展示作业的程序——设计　　156

07 展示作业的程序——施工图说　190

08 展示作业的程序——施工作业　200

系统性思考＋美感化教育
编后记　　　　　　　　　　　　　218

01 展示规划与现代博物馆

展示与收藏

展示与博物馆的关系是密不可分的。一般来说，博物馆的功能可分为研究、收藏、展示、教育四项。在过去，收藏被认为是最主要的功能。博物馆的西文原意多少有点收藏处的意味，与图书馆收藏处相近，因此，没有收藏就谈不上博物馆了。可是，仔细推敲博物馆的真义，事实并非如此。

在四大功能中，研究是随着收藏而来的，没有收藏品，或没有收藏的工作，研究是不存在的。所以，研究是衍生的功能。同样的，教育是随展示而来的。没有展示品，没有展示的作业，博物馆的教育是徒有空言的。因此，教育可以说是衍生的功能。这并不表示研究不重要或教育不重要，相反，它们可能比收藏与展示更重要些。但以博物馆的精神来说，其基本在于收藏与展示。

如用图解说明，可以参考下图：

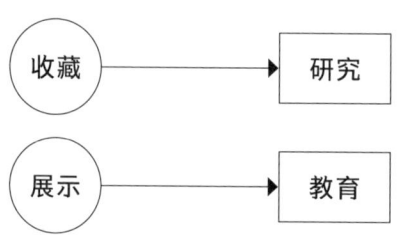

就收藏与展示这两大功能来说，其作为博物馆的基础，乃因两样都是立基于"物"的。收藏什么？某些引起兴致之物品。展示什么？亦某些引起兴致之物品。引起兴致之物品才是博物馆存在的真正意义。而研究与教育乃依此等物品所产生的行为，而且是另有目的的行为。如引申上图，可扩充如下图。

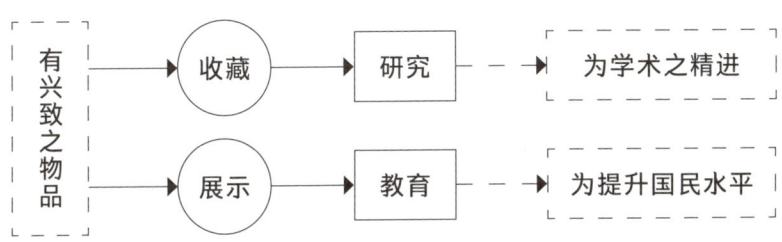

自此图解观察，可知收藏与展示是息息相关的。这些引起兴致的物品在博物馆里就是收藏，收在博物馆里又陈列出来供观众欣赏，就是展示。因此，展示可以视为收藏的一种方式。在传统的博物馆里，两者并没有明显的界限。很多重要的博物馆，如圣彼得堡的动物博物

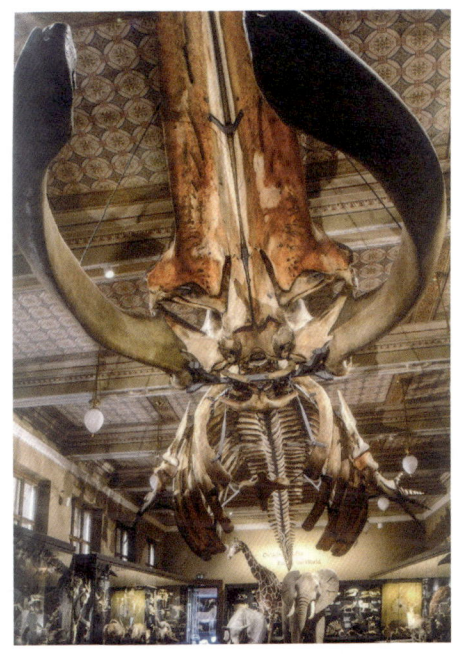

捷克布拉格国家博物馆自然史的展示

展示的基本性质

馆，或布拉格的国家博物馆，其自然史的陈列，实际上就是其收藏，在展示柜外并没有其他的收藏。只有在收藏大量化、典藏系统化之后，才有收藏与展示之区分，在过去两者可以说是合二为一的。

在兼有收藏、展示两种性质的功能中，究竟以收藏为重呢，还是展示为重？以收藏为重的看法，是认为先有收藏才有展示，见下图。

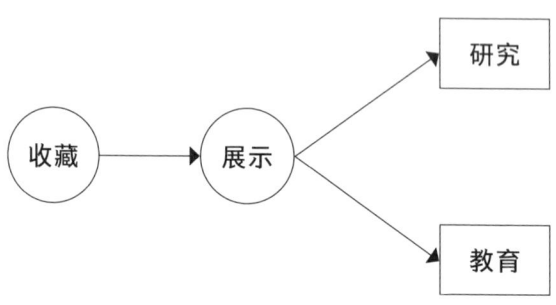

这就是旧式博物馆的情形——只有收藏而无展示，这个收藏品集中的地点可能是仓库，而非博物馆。这个收藏机构被称为博物馆，实因其展示之故。由于展示兼有收藏的功能，收藏并不能达到展示的目的，所以把展示视为博物馆的首要任务，可以说是非常切合实际的。说得更明白一点，一所博物馆可以没有收藏库，却不能没有展示厅。有了展示，开门就可称为博物馆了。比如，我们到有些人家去，看到家里陈设得琳琅满目，就会说几乎等于博物馆了。所以一座博物馆的成败，在观众的心目中，完全系于展示的成败。

引起兴致的展示

展示的重要性已如上所述，那么过去的博物馆与现代的博物馆的展示有无差异呢？有很大的差异。基本的差异在对"物"的观念古今有别。在上节中，我们指出传统博物馆收藏与展示是一体的。因此，展示完全依赖收集的物品。由于物品之收集原则在其"引起兴致"的特点，所以展示的效果也完全视展出物品能引起多大的兴致而定。换句话说，好的展示就要有非常有趣的物品。展示不过是把这些物品陈列出来而已，是不需要什么特别的技术的。至于成败，要看观众的喜好，由下图就知道传统博物馆依赖展品质量的原因了。

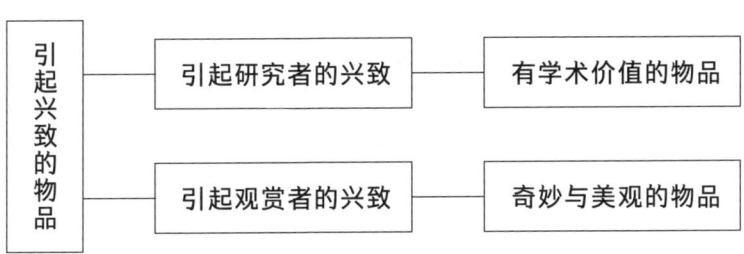

所谓展品的质量，就是引起兴致之强弱。良好的质量，意即优美或稀有的。如中国台北故宫博物院之展品大多有优美与稀有的特质；一般收藏家之藏品大多优美而非稀有；民俗馆之物品则大多既非优美，亦不稀有。

英国伦敦自然史博物馆的展示

法国巴黎国家自然历史博物馆的展示

以色列耶路撒冷国家博物馆的展示

展示的基本性质　　　　　　　　　　　　　　　　　　　　　　　　　　　　009

中国台湾苗栗客家圆楼民俗的展示　　中国台北故宫博物院的展示

　　可是，现代的博物馆在展示上就不完全依赖收藏品的质量。现代的展示观念是以引起观众兴致的装置来代替物品，装置中既可以有物品，也可以完全没有物品。如天文馆中的星象仪是一具仿真天空的装置，它可以模仿天上的星空，可以按照季节或岁月来改变天际的星星，还可以把星空中各星座的位置指出来，告诉我们行星怎样围绕太阳旋转。这个装置对有兴趣研究天文的人来说是极具兴味的。可是，其中没有展品，所以在过去，星象馆不被视为博物馆。而在第二次世界大战之后，观念改过来了，博物馆的展示因而有了很大的改变。

日本东京涩谷天象馆

中国台湾自然科学博物馆科学中心宇宙奇航展示区中结合星座的天象图

展示的基本性质

可以想象这种观念的改变，使博物馆中可以展示模型。在国际博物馆的基本定义中，已经把模型列进了收藏品。因

中国台湾新北市世界宗教博物馆以建筑模型呈现宗教

日本大冢国际美术馆复制的梵蒂冈西斯汀小教堂 　　以动物模型代替真正的标本

此，贵重的收藏品都以代替品展示出来，而观众大多无知觉。这使博物馆的复制技术大为提高。尤其是自 20 世纪 70 年代以来，环境保护的声浪大增，自然物的采集大多在禁止之列，产生环境保护者与自然科学博物馆展示收藏间的冲突，一些素无积藏的博物馆不得不用动物模型来替代真正的标本。

此路一开，展示的天空就很广阔了。没有收藏品的博物馆于是产生，那就是"科学中心"类博物馆的出现。我们就以下图来说明此一转变代表的意义。

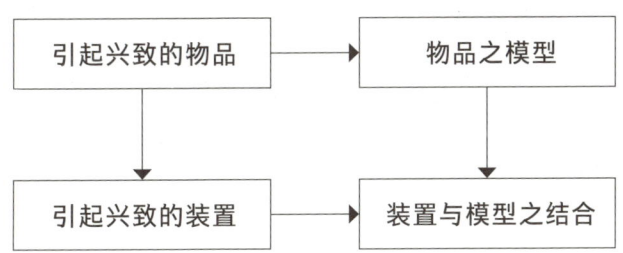

展示的基本性质

由上图可以看出，由此观念之改变，可以产生三类与之前不同的展，模型（亦即复制品）是一类，装置是一类，装置与模型之结合一类。而不甚贵重的文物与装置合并更是很普遍的手法了。

中国台湾自然科学博物馆生命科学厅手拉成坯的装置展示

中国台湾新北市世界宗教博物馆建筑模型的展示——世界文化遗产的法国廊香教堂

新的展示天地使博物馆全面改观，突破了物品的限制，如下图所示。

| 引起兴致的物品 | 物品的独一无二性、不可替代性 | 静态的鉴赏 |

| 引起兴致的装置 | 装置的可设计性、观念性、可变性 | 动态的体会 |

展示成为动态的体会工具，而不是静态的鉴赏。最重要的是装置是可以设计的，可以改变的，是代表设计者观念的。观念因人而异，设计可以表达能力的高低，展示成为一门学问乃有必要。

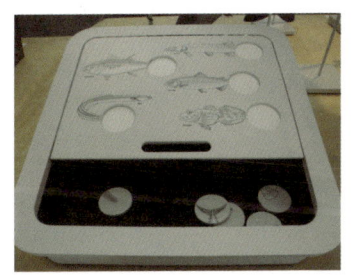

引起兴趣的装置成为动态的体会工具

展示的基本性质

015

由于装置可以表达观念，没有物品的博物馆反而成为很有发展潜力的博物馆。在中国台湾自然科学博物馆开始筹备的时候，筹备小组发函到国外去探问设计名家对建设一座无藏品基础的博物馆的可能性，得到的回信有很极端的两类。抱持传统观念的馆长，反应是很负面的；有前瞻性的博物馆从业者，会鼓励我们，认为没有收藏品反而可以不受束缚，大胆地发展自己的展示，使它成为受观众欢迎的博物馆。

动态的展示

在现代展示中，相当重要的思考重点是观众的反应。在过去，博物馆是贵族化的建筑，甚至用古典建筑形式来强调它的超然性与永恒性。珍贵的物品陈列其中，观众是次要的考虑，这样高贵的设备主要是为高贵的人士所建造的。可是现代的博物馆以观众为基础，没有观众的博物馆得不到足够的资源，观众成为博物馆的命脉，展示自然成为博物馆的卖点。这是传统博物馆人士很不喜欢的观念，然而大势所趋，博物馆与百货店无异了，展示的大众化乃成为主流思想。

前文中曾经以"引起兴致"来说明展品的性质。如果要引起最多观众的兴致，是要把展品肢解为最多的层面，以满足大多数人的要求。以求知为目的的观众为最高的层次，以儿童之游戏心为最低之层次，而现代观众却以青少年与儿童为最大宗。因此，反应较迟钝的民众以及追求娱乐趣味的青少年遂成为博物馆展示之目标观众群，这个观众群的特质是要求新奇有趣。除了非常特殊的物品之外，只有装置才可以做到新奇、有趣的娱乐效果。因此，在现代博物馆装置的设计中，动态就成为重要的策略。

动态展示有两个意义，分别讨论如下。

第一，展示品本身的动态。大体来说，活动的物品比静态的物品更容易引起人们的注意，在展示中自不例外。对展示品而言，它的动态才是常态的。以汽车引擎为例，展出一具静态的引擎，观众对此可能完全陌生，无法产生兴趣。引擎原是不停运动时才发生作用，因此一具在运动的引擎必然会引起观众的注意，并且注意到引擎实际运作的原理与过程。如果是一个经过肢解的引擎并能实际运动，则更有趣味，且具有更大的教育意义。但对于真实标本来说，这是不可能的。

引起兴趣的装置成为动态的体验工具

中国台湾自然科学博物馆中引颈嚎啸的动物的生动展示

中国台湾自然科学博物馆中吸引观众的恐龙展示

由观众操作的展示

　　自然史展示同样有类似的例子。比如动物之本性为动——如虎为扑杀、鹿为奔跑。自然史的标本大多只能把此种动作做到生动。如果以模型与装置代替标本，则可以使它模拟真正的动作，如虎可以引颈而啸。这样可以引起观众甚大的兴趣。不只是原来属于动态的展示品，以动为上，即使是一般的展示，如能使其有所动作，都可能吸引观众，使之驻足观看。人类喜欢观看动态，这是一种天性。因此，有些没有必要动的展示品，也想尽办法让它动起来。"动"成为一种必要的特质！

　　第二，由观众操作的动态。这是现代博物馆展示的重要原则。展示品的动态固然可以引起观众的注意，但观众真正感兴趣的是自己能参与的动态。一般来说，参与性的动态在设计上是比较简单的动态。因为展示品的动力是观众的动作。如发电机的展示，请观众踏动发电机。观众虽须用力踏动方能完成展示，但大多乐此不疲，且可由其中得到知解。

参与性之设计需要经过明智的思考。观众的参与可以是踏动发电机一样的努力动作，也可以是按一个电钮一样的轻松操作，其要点是以此参与使观众得到满足，且可获得知解之趣。最具有展示价值的参与性动态展示是游戏式参与，亦即观众在展示中的角色除了是动力的来源，也是展示结果的引导者。观众的思考也是展示结果要呈现出来，最有趣的例子就是自然科学博物馆的积木游戏。它的成本最低，获得的参与性最高。

一般来说，科学中心式的展示，有效地参与式动态设计所获之效果最大，成本最小。一个有趣的动态参与式设计，

游戏参与是科学中心展示的方法之一，德国狼堡科学中心(Phaeno Science Center, Wolfsburg, Germany)

展示的基本性质　　　　　　　　　　　　　　　　　　　　　　　　019

远比一个按钮式动态设计有效。例如展示基本动量原理：旋转的物体，力矩越远，动量越大。可以用马达启动一个旋转体，速度越快时，旋转体上两臂的球离开轴心越远；速度慢下来，两臂的球则渐渐下垂，以减少与轴心的距离。这样的动态设计虽然亦可以达到目的，却不如让观众自己作为旋转体，以双手持哑铃的方式，尝试伸开或下垂双臂，感觉到速度的减缓与增快。观众的身体亲自体验到力的感觉，就可完全理解此力学原理。后者通过全身参与学习到很多，比较有参与的兴趣，而展示之成本却较低。这就是中国台湾自然科学博物馆科学中心的一个展示。因此，科学中心的展示，花费大，使用科技越多者，通常是参与的效果低，教育的效果亦低。一个有效的博物馆展示，不一定是最贵的展示。

展示的现代意义

展示的现代意义与传统的陈列有甚大的差别。陈列，英文是 display，意思是摆出来让人观看，其意义是很消极的。在这里，掌握主动的人是观众，不是陈列者。这样的展示的意义是由观众来予以界定的。举例说，到中国台北故宫博物院去看明代的青花瓷器，可以看到柜子里陈列出很多大小不同的青花瓷器，自标签上可知是按照年代的先后排列的。除此之外，其意义就要观众自己去揣摩了。也许有人会看出，盘子之类的器物，明初比较大，后期慢慢变小。也许有人会看出，早期的颜色较鲜艳，后来变得很深沉。对于事先有所了解的人，这个展示非常有味道，而对青花瓷一无所知的人，可能迅速走过此室，完全无觉于这些器物的价值。

明永乐青花波涛龙文爵杯，中国台北故宫博物院

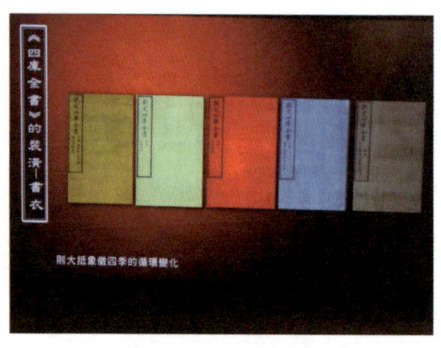

中国台北故宫博物院《四库全书》书衣展览

展示，英文是 exhibit，意思是展露出来让人了解，其意义是积极的。了解包含内在的意义，当然也涵盖了外表的观看，在这里，掌握主动者是展示者，而不是观众。观众当然仍旧可以依自己的爱好来了解，然而一个展示，一定表示展示者有某种意念要表达，他希望观众能照他的意思去理解。

展示最早的使用者不是博物馆，而是商人。在博物馆尚无意勉强观众的时候，商人展示其货品，希望激起人们的购买欲。要达到此目的，只陈列出来还不够，必须有所解释，说明其优点何在，以感动消费者。口头解说与演示等技术，都是自商展中开始，以后再由博物馆使用。举例说，中国台北故宫博物院的"中华文化五千年"就是展示，而非陈列。在整个展示中，使用的实物很少，却是以墙面上的图板为主，用文字与照片，对照中、西文明的发展，说明了中国艺术品在各时代所代表的历史意义。陈列出的模型或实物，不过是印证此图所传达的意义而已。中国台北故宫博物院此一展示所传达的用意为何？乃中华文明源远流长，值得我们骄傲也。在欣赏中国台北故宫博物院所藏宝物之前，对中国文物之历史有一概括性了解，是很有帮助的。因此，这一展示作为全馆之绪言是非常有意义的。何况历史的真实呈现不涉及意识形态之争。

激起人们购买欲望的货品展示

以图片与文字说明"航向天方：十五世纪的伊斯兰印象"特展

在近代，企业界进入科学与工业博物馆，如芝加哥的科工馆，其展示全为企业界出资兴建。虽然其管理委员会严格限制具有商业性目的的展示，然而准许企业界使用带有商标的展示品。因此，在汽车科技的展示中，所述虽为客观之事实，但其表达之内容带有展出者之特色，如通用汽车公司技术之特色是毋庸置疑的。同时因使用通用汽车之车辆，对该公司产生之广告作用，亦当然之事。这样的展示是否合理？见仁见智。大多数博物馆人员在口头都不赞成用企业偏见来从事科技的展示。博物馆为社会之公器，不能沦为私用。但是支持者则认为只要所展示者均为事实，未从事商业广告性

德国慕尼黑宝马汽车博物馆中展示的各型汽车

美国华盛顿航空与太空博物馆

展出，则无可厚非。盖如馆内展出汽车，则必为某一品牌的汽车，方见真实。此几乎为工业技术性展示不能避免的事，与电影故事中出现的汽车与飞机一样，必须属于某一厂牌、某一公司，则此等企业出资支持亦为理所当然之事。此可视为企业对社会之回馈。故芝加哥科学与工业博物馆数十年来为全美观众仅次于华盛顿航空与太空博物馆之大馆，未闻多少反对之声音。这是标准美式的资本主义社会之产物也。

展示的基本性质

除科学技术之外，此种意识在各种展示中均存在。近年来，科学意味浓厚的自然史博物馆亦多意识之争。自然史馆的展示意识有两大主流观念。其一为进化论；其二为生态环境论。几乎可以说，没有演化论就没有自然史博物馆。自然史馆的建立是基于自然演化的历史而来，可是对于不相信演化的学者来说，整个馆都是错误观念的产物。此一争论至今并未终止，创造论的主张仍时有所闻。

自然史馆基于对演化生态的信仰，很自然地成为自然环境维护的代言人。最近三十年来，环境保护运动成为社会主流运动，使自然史馆的地位显著提升，而自然史馆中的展示遂带有环境保护之色彩。至于短期之展示，尤其多为以环境保护，或物种保存为主。为此，自然史馆几乎与科学技术馆处于对立的地位。

其实，现代美术馆与文物馆之展示，同样已扬弃了传统上无价值判断的陈列方法，而以展示主导者的身份对观众施以影响力。比如，在中国台北故宫博物院的书画展示室中，你所看到的是沿墙壁所安装的橱柜。柜子里挂了一些书画，岁月使这些绢底的作品变得枯黄，在微弱的光线下，不易察觉这些画的价值，这就是传统的陈列式。新的展示会凸显特别重要的作品，使用最适合该作品的展示方式，放在较醒目的地点。陈列的位置与是否占据重要的动线要冲，是展出者有意的安排，甚至光线也是很重要的引导观众注意力的手段。一个好的展示，是有强烈引导力的展示。可惜目前在中国台湾尚没有很好的案例可供参考。国外不少著名博物馆中的特展常常用最好的展示技术展出，比一般常设展精彩。

总之，现代的展示比较类似创造性、表现性的艺术。自从第二次世界大战后在万国博览会中各种展览争奇斗艳，吸

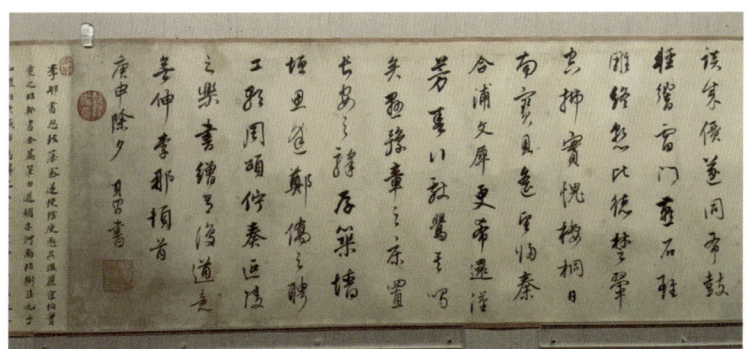

中国台北故宫博物院书画室中展示的明董其昌答徐孝穆书卷

日本美秀美术馆沿墙柜子中的书画展示

日本美秀美术馆以光线引导观众的展示

028　　　　　　　　　　　　　　　　　　　　　　　展示缪斯

引着成千上万的观众前来，展示的意义就从根本上改变了。迪士尼乐园成功的案例，尤其鼓励观众趋向新型博物馆展示，对展示的技术产生观念上的革命。博物馆开始通俗化，这一点使传统博物馆人士大感困扰，可是一种新型的，属于民主社会雅俗共赏的展示哲学就产生了。

2005年日本爱知世界博览会的展示之一

2005年日本爱知世界博览会的展示之二

下图可以说明这一观念上的演变。

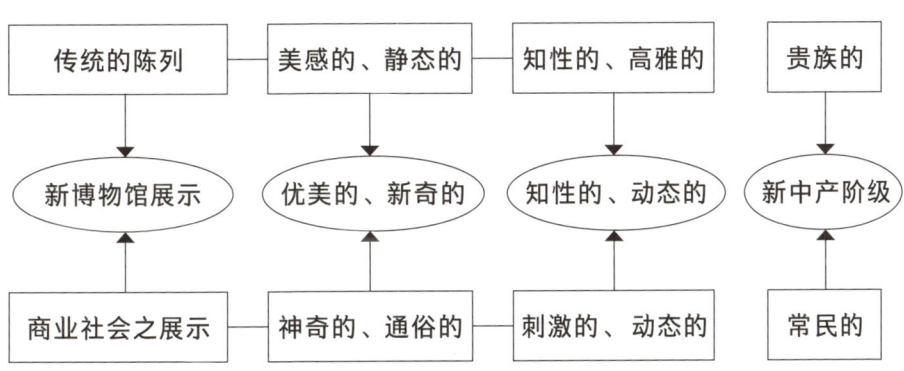

展示的教育本质

现代博物馆展示的一项重要意义是其教育的本质。新的展示观念如果只是为了吸引观众，不得不采取商展的或儿童乐园式的特色，那就是降尊纡贵、自甘下流了。这就是传统博物馆的卫士们为之痛哭流涕的原因。新博物馆展示有一高贵的理念，那就是大众教育。不论博物馆的性质是科学的或艺术的或历史的，其目的的核心就是教育，就是满足观众求知的需要，这是新时代的呼声。为全面提高社会大众的生活质量，就必须提高他们的精神需求水平。新社会中每一个人都有权利成为艺术的鉴赏者，成为科学信息的拥有者。而现代的博物馆正是担负了这样的任务，这是新时代的福音，博物馆是新时代传播此福音的教堂。

展示负有这样神圣的任务，展示工作者必须战战兢兢地从事才好。在新博物馆的展示中，如果不能把教育的任务一直放在心上，就很容易走错方向，成为游乐场的流亚，这种例子是很多的。错误的构想时常在科学性展示中出现。要避免严重的偏差，必须随时提醒自己：观众可以自其中学到什么？这是不是观众学习最理想的方法？

在中国台湾科学工艺博物馆的儿童科学园区中，有大人国与小人国的展示。对儿童而言，大人国与小人国是很美丽的想象，这是《格列佛游记》在欧美如此受到孩子们欢迎的原因。可是，在儿童科学园区中做这样的展示，必须不断回答以下问题。

孩子们会在展示中得到很多科学知识吗？

这是不是孩子们学习这些知识的理想办法?
这样的设计真会引起孩子们的兴趣吗?

这些问题也就是在设计完成启用时所要检讨的。同样的问题如能在设计时常怀在心,在最后检讨时就可减少一些负面评价。科工馆的儿童科学园区的设计者,就是欠缺了这种不断自我追问的精神。

教育在现代博物馆的展示中的意义,可以用下图说明。

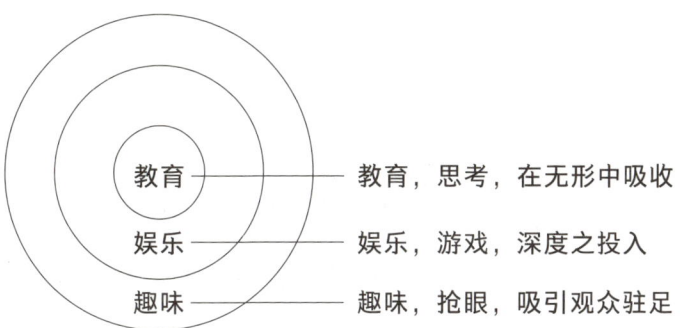

展示的最外层只是一个有趣的外表,这是吸引观众驻足的主要原因。在观众驻足之后,开始投入展示的情景中,此时必须产生娱乐性的效果,以便诱导观众产生深入的兴趣,得到游戏之满足。到此一般娱乐事业之目标已达,可是对于博物馆而言,这都只是手段而已,核心的目标是教育效果。在游戏中学到的知识或体会到的思想才是博物馆要完成的目标。

中国台湾高雄科学工艺博物馆的"宇宙之星"

展示的基本性质

不成功的展示装置，常常引不起观众的兴趣，或能引起兴趣，却不能使观众进入游戏的阶段，或进入游戏后而无新观念与知识的吸收。这个平凡的说法，确实很准确地说明了展示的目的。比较有争议性的现代展示是美术馆的展示。美术馆展示是否应肩负教育性之功能，至今尚有争议。传统的美术馆从业人员始终认为，美术馆就是要展出美术品，让观众去体会、欣赏，至于美术的大众教育则不属于美术馆的工作。奇妙的是，社会大众似乎颇能接受这种消极的态度，认为美术品之鉴赏能力是自己的问题，而不责怪美术馆未提供足够的信息。

法国巴黎东京宫的现代艺术展

没有解说的现代艺术展

着重教育性的博物馆印刷解说文字,中国台湾新北市世界宗教博物馆

可是有些重视教育的博物馆学者,正在质疑何以科学馆可以尽一切努力使大众了解科学,而美术馆不努力使大众了解美术。美术馆的保守派认为,美术是不可说的,说了就错,因此最好一字不说,让作品自己"说话"。其实这是很不负责任的立场。美术展示的负责人只是不肯负起解析美术品的责任,惧怕会受到同业的质疑,或学术界的攻击。因此,在没有社会压力的情形下,就不肯从事改革了。实际上,美术馆已经在进行美术教育。他们使用解说的方法,"说"给观众听。有时候,解说人员还是有很多颇能使观众感兴趣的解说词,颇有吸引观众的效果。但是口说无凭,美术馆似乎乐于保持这种方法,可以达到某种效果,却不必白纸黑字,落人把柄。美术馆不但没有教育性展示,而且从来不印刷解说文字。

可是,未来负责任的美术馆工作者,必然会把口头解说的意义在展示上表达出来。美术品需要解析才能了解,才能

俄罗斯"一张画的美术馆"

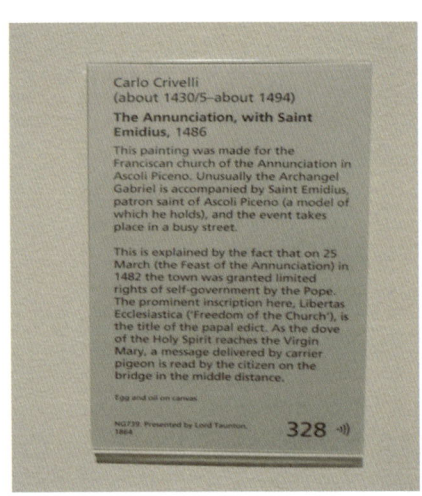

英国国家美术馆展览作品的说明牌

产生欣赏的作用。学艺术史的人都知道对一件作品，历史背景可帮助了解，当时的美学价值可以增进学习的兴趣。这些内容都可以用展示的手法表达出来，不必经过解说员一遍遍重复的讲解。很可惜，目前，世界上尚没有使用新展示观念展布其作品的美术馆。除了俄罗斯曾有"一张画的美术馆"的说法，英国国家美术馆曾尝试一次外，西方国家甚至没有任何此方向的努力，这是令人十分可惜的事。

妥善的展示规划

从展示对博物馆的意义来看,几乎可以把展示的成败与博物馆的成败画上等号,可想而知,展示之规划几乎是博物馆的命脉了。

博物馆,由于是一座大型的建筑,其外部的造型常受到社会大众的注意,乃至引起建筑重要,还是展示重要的问题,尤其因为展示必须建造在建筑物内部,建筑物与展示配合的问题,乃至两者孰应优先的问题。对于展示工作者而言,何者重要的争论是不必要的,重要的是展示是博物馆的灵魂,一定要做好,才能达到设立博物馆的目的。因为再好的建筑,再好的收藏,没有动人的展示是不足以使观众满意的。

博物馆外部的造型常受社会大众注意——英国国家美术馆扩建的赛恩斯伯里侧翼展厅

英国国家美术馆赛恩斯伯里侧翼展厅的展示

　　要做好展示，必须有妥善的规划。为什么要规划呢？在现代社会中，任何建设的项目都受到时间、预算与博物馆完成目标的限制。换句话说，展示工作者几乎必须在一定时间内、一定的预算范围内，达成目标。这是规划的主要意义。在美国的博物馆中，一个展示之筹划常常需要五年到十年的时间。他们自构思开始，首先要考虑经费的来源。为了获取经费，要花费很长的时间。因此美国的常设展示的时间压力不大，经费的压力则十分严重。反之，中国台湾的博物馆，经费多来自政府预算，获取容易，然而却面临在短时间内完成的压力。科学与工艺博物馆的筹建不过十几年，就已受到舆论的沉重压力，以那样规模的博物馆来说，其实还是很紧凑的。

当然，展示规划的真正目的，还是保证展示的质量可以符合宣示的目标。

规划是一种工作推动的合理过程，它的要点是对于未来的情景可以成竹在胸，又可以避免一些意想不到的障碍，因而可于规定的方向上顺利推展，在预期的时间内完工，面对观众。

中国台湾高雄科学与工艺博物馆常设展一隅

02 展示的基本性质

现代展示的类别与方法很多，对于初次进入展示设计工作的人，有目不暇接之感。这些类别对于博物馆而言，都具有不同的意义。所以在展示设计的规划阶段就应该做一方针性的决定，要如何选择展示的大方向，也就是如何适当地选择所需要的方法。在展示形式决定的步骤中，第一步是决定展示的基本性质，这是与展示目标直接相关的。

展示的基本性质可分为四类：观赏性、知识性、启发性、倡导性。每一个展示在这四种性质的尺度上都有一定的位置，是首先要斟酌的。当然这是一个层次甚高的课题，一定要决策层级的人做出负责任的决定，不是设计人员可以随意下判断的。一般来说，有决策权的人常常不了解其重要性，他们认为展示只有一种，只分好坏而已。设计规划者要把性质等观念在简报上表达出来，让决策者知道展示是有目标的，然后加以分析，诱导他们做出决定。很可惜，大部分有决策权的人没有很清楚的目标观念。在此先就此四类性质加以申说。

观赏性展示

第一是观赏性。这是我们参观博物馆最常有的动机，也是参观大部分展览的主要动机。观赏是自观看到陈列出的物品而产生一种欣赏的心情,达到赏心悦目,松懈紧张情绪的目的。观赏性展示品的本质有二:一曰美妙;二曰奇异。美妙的事物是人类所喜欢的,因为爱美系人之天性。美感为直接的反应,妙则是趣味性。物之美加上趣味性,就成为观赏之主要标的。以美女为例,面貌与身材之匀称是美,动作表情之生动为妙,合来则是我们所喜欢的明星。爱好奇异是人类另一个天性。人生而有好奇心,是主要的生命的动力。对于自己不熟悉的,在常识范围之外的东西感兴趣,而且产生

观赏美妙的展示品是人类所喜欢的,让-巴蒂斯特·卡尔波(Jean-Baptiste Carpeaux,1827—1875)的《舞者 La Danse》(巴黎奥赛美术馆)

具有吸引力的新奇展品，清肉形石，中国台北故宫博物院

松懈情绪的效果，是新奇的展示品具有吸引力的原因。自古以来，中国的帝王多喜欢奇花异兽，就是不常有的缘故。

观赏性的展示，由于着眼于观众的兴趣，观众就成为主体，而不同的观众，产生不同的美妙与奇异的反应，所以观众的定位就非常重要，而且是首要的条件了。比如，有些博物馆以少数知识分子为对象，那么是否美妙或奇异就要依知识分子的标准。读书的人由于知识渊博，奇异性的吸引力就会降低。对一般人是新奇的，对学者来说可能是平常的。而读书人对美的欣赏比较细致，因此一般人觉得不美的东西，他可能觉得很美。所以对知识分子而言，具有观赏性者几乎都是与美术有关者。相反的，如果展示的目标为一般社会大众，则奇异古怪的展示品会得到比较多的掌声。对于不易觉察的美感则多悻悻然而去。一般大众对自然美的感知，属于生物性的，比较容易产生反应，如美丽的面孔、美丽的花朵、美丽的动物等，但对比例美好的罐子不易产生反应。大众喜欢五彩缤纷，不喜欢平淡素朴；喜欢甜蜜，不喜欢苦涩。

不易觉察的美感，唐邢窑白瓷穿带壶，中国台北故宫博物院

五彩缤纷的壶，清康熙铜胎画珐琅菊花纹方壶，中国台北故宫博物院

由于观赏性以美与奇为主要特质，故观赏性展示，就可定位为美术性、文物性或自然物展示，其中的大宗是美术品。图一，我们就美与奇两点，看看各类性质的展示所具有的地位。

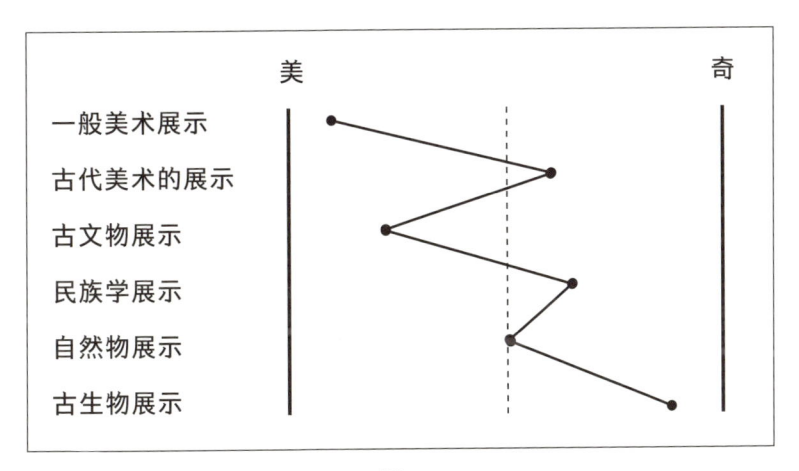

图一

图一为常识性的判断，并未经过调查统计，图中上下为美与奇两元素之层次，最左为美，最右为奇，中间为美奇不同之比例，在中线即美奇各居一半。近左者美多奇少，近右者奇多美少。以展示之内容为例，现代美术以美为主要内容，观众对之并无新奇之想，故观众较少，以爱好美术者为主。古代美术略多些奇异性，因古人之创作为今人所不甚熟悉也。至于古文物之展示，特别是日常生活文物，如唐宋之盘碗，其新奇性不高，审美性较高。民族学之展示亦有美感，然其奇异性之吸引力大于美感。自然物标本，如为一般常见之物，其美感与新奇性相当，如为古生物之化石，如恐龙等，则以新奇性为主，美感所占的比重甚低。

新奇性不高的古文物，南宋龙泉窑青瓷五管瓶，中国台北故宫博物院

奇异性之吸引力大于美感的民族学展示，日本国立民族学博物馆

恐龙化石以新奇性为主，瑞士圣加仑自然历史博物馆

翠玉白菜玉雕，中国台北故宫博物院

　　这个简单的说明并不是研究调查之结果，只是要指出在观赏性的分析中，因展出物之不同，而有不同之反应，与预期之观众群大有相关。在博物馆展示规划中，必须以观众之性质来思考展示之方针。中国台北故宫博物院中多为古美术品与古文物，一般说来，其吸引力应限年纪较大的观众而爱好美感者。但其藏品之"国宝"头衔使中国台北故宫博物院本身具有神秘感，对未曾拜访过的观众具有新奇的性质。又因其收藏中有很多宫中珍奇宝物，非一般人所可见者，使之有事实上的神秘感，所以诱使观众不断拜访。比如翠玉白菜虽为一雕刻品，但其形似白菜与巧妙之配合翠玉之颜色，使之成为一极为新奇之展示品，吸引大量年轻及普通的观众。

知识性展示

第二是知识性。这是我们参观博物馆的第二个动机,很少有博物馆的观众专门为知识性而来,但是极可能在观赏性之同时具备知识性的要求。比如,展出法国奥赛博物馆的印象派作品,此等作品为目前世界绘画市场上最高价者,展出以来观众蜂拥而至。其心态并非为美感之追求,而是好奇心之追求,要见识如此贵重之艺术品。因此可知大部分观众乃为"奇"而来。然而不可否认,年轻的观众,尤其是学生,来访的动机,有一半以上属于知识性的,他们想了解、认识印象派之艺术。

印象派作品莫奈的《草地上的野餐》,法国巴黎奥赛博物馆

知识性亦有两大特质：其一为好奇心所激发之知识性；另一为实用意义所需之知识性。对于博物馆之主持人而言，知识性才是展示的真正目的。国家的博物馆因为要实施大众教育才投入大量资源。观赏性不过是吸引大众来馆的手段而已。凡是重视知识性之展示，常常要在展示品之外，同时展出知识性信息，这就是博物馆研究人员需要准备的工作。知识性信息可以其深入的程度及提供信息范围的广度分为以下几种形式。

1. 展示品之标签：名称、相关人物、年代；
2. 展示品之说明：作品意义、有关故事；
3. 成组展示品的说明：门派、社会政治相关性；
4. 整体展示时风格的描述。

标签是最基本的信息提供方式。在过去，甚至今天的美术馆仍是以标签为多。在一些管理不善的博物馆中，甚至连标签都很难提供。比如，有些文物馆无法在标签上写出展示品的正确年代。传统的美术馆，不重视知识性，有意不把馆员研究的成果显示在展示场上，而以出书的方式取代。可是科学馆向来是重视知识性的，所使用的解说性展示信息数量甚多，渐渐影响了美术馆的展示方式。计算机技术运用成熟之后，近十年来渐发展出电子解说系统，以数据库的方式提供大量信息。最近几年又以网络传播的方式，使这些信息可供未来馆参观的人士参考。

实用价值的知识性是博物馆未曾主动开发的。但是学生到博物馆参观，带有笔记本记录，其性质颇近实用。自然史博物馆之展示与中小学课程相关，则展示等于立体、生动的

到博物馆参观带着笔记本记录的观众

学生到博物馆参观，带有笔记本记录，其性质颇近实用

课本，对教师学生而言，这属于实用价值。对于以博物馆的展示品为参考资料，从事事业性研究的人，博物馆所展出的知识性是有莫大价值的。一般来说，文物性或美术性重要的博物馆的展示品，常常是收藏家、古物商人的主要参考依据。对他来说，经博物馆鉴定的美术、文物，是可靠的，可信赖的，因此具有甚高的实用价值。收藏家一再访问博物馆，就是要熟悉该馆的收藏，以供比对之用。

因此，一座重要的博物馆在研究上的成绩具有实用价值。它所犯的错误，也是不可原谅的。若干年前，某博物馆接受某收藏家之要求，展出其古代青铜武器收藏，并印制画册。该收藏家即以此册向保险公司投保，后被盗向保险公司求偿，经真正之专家鉴定，才知全为伪品，可推断为骗局。但兴讼数年，因无法找回该等藏品，保险公司仍然败诉，该收藏家得到巨额赔偿而扬扬自得。当年该博物馆的馆员不了解展示的实用意义，轻信他人，即欺骗社会。很多赝品经展出后，画册成为出卖时之保证，因而上当者甚多，直到该博物馆的信用在文物界破产才渐渐少有人利用。

启发性展示

第三是启发性。过去，博物馆并无启发性此观念。当科学中心已开始发展，旧金山探索馆创始人欧本海默博士开始以游戏的方式来展示科学，使观众自生活中去体悟科学，博物馆这一行业才有启发的观念。启发者，是以具有娱乐价值的展示，使观众对所要展示的真义有所体悟也，这是20世纪新博物馆学的滥觞。

波浪风琴-聆听大海的声音，美国旧金山探索馆

展示的基本性质

所以启发性亦有两大属性，即游戏与体悟。自游戏中所体悟的可以是知识，也可以是智能，其特色为精神所得可渗透于生命之中，培植生命的创造力。因此，现代博物馆学十分重视启发的观念，展示设计亦以达到启发之目的为最高原则。是不是所有的博物馆展示都有启发性的必要呢？完全要看目标设定。理论上说，凡是展示之目标富于教育精神者，启发就是一种理想的展示形态。

以美术馆为例。通常美术的展示以观赏为要求，希望达到使观众赏心悦目的目标。这种目标是文化的，不是教育的。文化与教育的分际，在于文化是以潜移默化为手段，故其教育行为是被动的；教育则以传授与启发为手段，其行为是积极的。美术馆要达到美术教育的目的，一般悬挂式的展示是不够的。展示手法一定要向科学中心学习。归纳来说，凡是以教育为目的的展示，都应该考虑以启发性为主要展示方法。图二的图解，简单说明了文化性与教育性展示的区别。

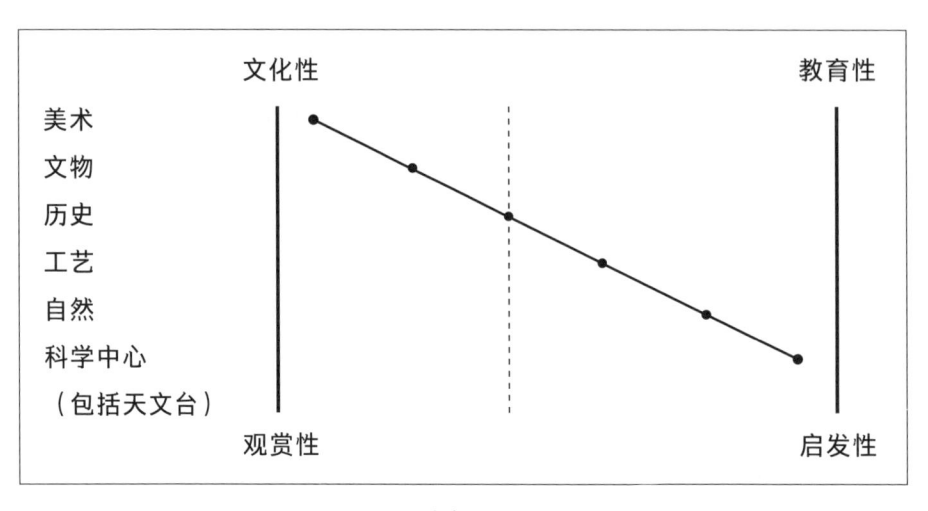

图二

图二中所显示的是目前各类博物馆展示的性质。事实上，如上文所述，每一类博物馆都可以提高其教育性，使用启发性的展示原则，提高其效能。同样的道理，每一类博物馆，只要在展示设计的时候，注意展示环境与展示品的美感，亦必然有其文化性。这就是文教两字常被连起来使用的原因。

"寿南山, 福东海"青花大盘, 中国广东省博物馆

启发性与知识性有何分别呢？在于教育的方法。知识性展示可以视为灌注性的教育方法，比如美术馆中的说明板。启发性则是诱导性的教育方法。所以两者之间并没有终极目标上的分别，而是使用技巧的问题。在实际的展示作业中，其间并没有一个明确的分界。比如，在文字说明广告牌上，使用某种启发性的文句，虽为纯知识性的说明，亦可收到若干启发的效果。最普通但很少被利用的技巧，是文字说明板的标题以问题来代替肯定的语句。如在清末民初之绘画展中，说明板可以用几个问题来取代。"齐白石的老师是谁？"这样的问题，比起"清末民初金石派画家的发展"的标题启发性要来得多一些。美国匹兹堡卡内基自然历史博物馆的前任副馆长史华杰尔（Swauger）先生曾向我提到，一个写错了的说明板标题，反而形成注意的焦点，达到教育效果的故事。这些都是引起观众注意的启发性手法。因为一个明显错误的标题，自然会引起寻求正确答案的兴趣。

中国澳门科学馆中庭的火箭展示

倡导性展示

第四是倡导性。倡导性是博物馆所没有的展示观念，但是展示的目的有其主动性，有很多公立的展示场所就是在宣传的动机之下设立的，所以倡导性来自宣传的动机。所谓倡导者，乃主持展示者，怀有让观众接受某些观念，或某些事实的想法，因此展示的内容与方法均与此动机相配合。

在有些博物馆中，展示的意图是增加观众的爱国心。如中国人民革命军事博物馆，其展示之目的在于颂扬政权的建立，自然流露出强烈的政治意识。中国台北中正纪念堂与中国台北中山纪念馆，展示亦有同样的意图。但是非政治性的中国国家博物馆，其展示虽为历代文物之陈列，但其展示之方式志在提升参观者的民族意识，得到"我们中国人真了不起！"的感觉或结论。中国台北故宫博物院之展示亦有同样作用，虽然并不明显。一般来说，西方国家的此类情结较少。但伦敦的帝国战争博物馆仍有若干类似的意味。

中国台北中山纪念馆的展示

澳大利亚悉尼动力博物馆（Powerhouse Museum）的火车展示

其实认真地说，凡是有理论为背景的展示，即使是科学的展示，仍有倡导性。如演化论指导下的自然史展示，不能不承认是达尔文主义的倡导性展示。不但如此，现代环境保护者的观念，常常在博物馆展示中出现。例如，"垃圾堆的丑恶""海岸污染的肮脏"等在博物馆展示中时常出现，其展示之效果既无赏心悦目的意义，亦无启发心智的作用，其目的只是在告诉观众，以后不要乱丢垃圾、污染海岸。这也是一种宣传，由于其公益性而不被大家厌恶而已。

很多专业性博物馆展示,大多带有宣传的动机。如台电北部展示馆,志在宣传核能的安全性,说服民众不再反对核能发电厂的建设。大型工业的展示,其教育价值是不能否认的,但是更不容否认的是展示背后的动机,是希望观众记得这家企业,对他们有良好的印象,因而无形中维护他们的利益。

政府正义性的政策,如环境维护、古迹保存、水土保持、稀有生物保护等,都是一般民众所不了解,不接受才产生甚多执行上的困难。所以政府单位利用展示,有时是在博物馆的支持下,推动政策,促成公共觉醒,建立民众的共识。因此倡导性的展示并非全无意义,其价值视其是否为公益之目的而定。

澳大利亚墨尔本移民博物馆的文物展示

03 展示的方法

　　展示方法可以从很多角度来分类。可依博物馆的性质来分，如美术馆、文物馆、历史博物馆、自然史博物馆、科学工艺馆等，也可依展示物与人的互动关系来分类。为了比较清楚地说明展示的类别，自然是以后者为宜。依此，展示可分为以下几类。

美国华盛顿国家艺术画廊东厢美术馆的展示

美国旧金山荣勋宫博物馆文物馆的展示

美国洛杉矶华美
博物馆的展示

展示的方法

德国慕尼黑科技博物馆科学工艺馆的展示

奥地利自然历史博物馆的展示

标本展出式

这是最传统的展出方式，一般称之为陈列，这种展出方式最重要的是要有标本，要展出成功，基本上需要有特殊兴味的标本。不能断然地认为传统的方式就是落伍的方式，标本展出式至今已有相当大的改变与进步，令人有耳目一新之感。其展出之效果早已今非昔比，值得认真研究。

一、分类展示

标本展出的方式，最常见的是分类展示。也就是把标本按照门类展示出来。如美术馆与文物馆中的书法展、古画展、陶瓷展、玉器展等；自然史博物馆中的昆虫展、植物展、脊椎动物展等。到了近十几年，自然史博物馆已经放弃标本分类展出了，只有偶尔在特展中使用，如中国台湾自然科学博物馆展出的台湾特有的鸟类。可是，标本分类展出仍然是美术馆与文物馆展示的主要方法。截至目前，文物馆很难有突破分类的展示，因为这是最方便的方式，也是可以使展示产生自然的统一感的方式。

标本展出式——猫头鹰标本，奥地利自然史博物馆

标本展出示——青瓷，韩国首尔国立中央博物馆

展示的方法

标本分类展示好像书法家笔下的楷书，只要写出来，即使水平差些，总是可以认得的。要写得很好却不容易，真正达到了不起的高标准，一般人却又认不出其价值所在。这种最基本的展示，成败在于美感的呈现，大约可落实在以下的几个条件上。

- 标本本身的美感与兴味
- 陈列此标本的方式，使美感可以展现
- 陈列的高度与角度使观众易于观赏
- 展示背景的形色可显现标本的美
- 光线的投射可以使标本细致处呈现出来
- 标本与标本间有和谐统一的关系

以上六个条件，都是稀松平常的，但越是平常的条件，越难达到高超的水平。有些美术馆的展示人员，穷一生之力不过要把平凡的工作做好而已。举例说，要展出一些陶瓷器，首先要选出有看头的标本，本身不上眼的收藏品是无法得到赏识的，除非特别有来头的器物。有了好的标本，要看如何陈列。比如瓷器，其美感在于轮廓线的，应该平置在台面上。器面上有精彩纹饰的，应该倾斜，使其精美处呈现出来。款书特别好看，要想办法使观众看得到。

五代越窑秘色青瓷洗，中国台北故宫博物院

明宣德青花花卉纹莲子碗,中国台北故宫博物院

不同的器物之美与陈列的高度有关。平视之美与俯视或仰视之美均不相同。全用一个高度是不对的,所以现代的陈列台上通常会有高低大小不同的展示方块,用以调整不同器物之高度。观众的高度宜用一平均值为设计之依据。如器物需要倾斜安置,则倾斜之角度与观赏者之视线以呈直角最为理想。

高低的陈列台,美国洛杉矶盖蒂别墅博物馆

展示的方法

高低的陈列台，美国达拉斯艺术博物馆

高低的陈列台，中国台湾自然科学博物馆

通常现代的展示台，使用吸音、不反光之柔软面材作为器物的背景，颜色大多为可以适合各种色彩的灰色。理论上说，不同的展示品应该有不同的背景。如白色有彩画的清代瓷器，与粗犷有力、多彩的唐三彩器物，应该考虑使用不同的背景材料，才可以把器物的美充分地衬托出来，可是为了长期使用，基于现实需要，确实以灰色最不易招致配合上的困难。对于有创造力的设计师来说，这样的条件可能是突破与创新的契机。

可以适合各种色彩的灰色展示台上的新石器时代大汶口文化白陶鬶，中国台北故宫博物院

展示的照明是一种艺术。光线在视觉中占有绝对的地位，因为我们能"看"是有光线存在之故。人类对光线的情绪效果有深刻的体会，加上色彩，光线可以制造气氛。比如，宁静的气氛需要阴暗的中性色调，热闹的气氛需要光亮的暖色调，忧郁的气氛需要半阴暗的冷色等。照明也是一种科学，如何使展示物呈现出最完整的美感，要了解光线与视觉的交互反应。一位职业摄影师为了捕捉适当的自然光线，需要整日地等候，为安排适当的人工光线，要反复实验，才动手正式拍摄。所以完美的光线需要职业性的敏感度，而一般人如同使用拍立得一样，对于职业上的标准，是不能参透其深奥之处的。器物照明方面，我们可以了解的是，照明如由上而下投射，实易造成阴影，使阴影处呈现不清晰，或使整体形态被扭曲。

中国台北自然科学博物馆的中国人的心灵厅，有一批道教画，展示地狱景象。此类绘画未经妥善保管，购入时画面已多有断折。挂在展示柜内，经自上而下的灯光照射，断折处如老年人的皱纹一样，形成极不愉快的感觉。其实这些画并非真正的古画，只要灯光自前上方照射，折皱就消失了。可是设计师不够敏感，虽然提示他们多次，都没有更改，这些地方常常是测验设计师能力的试金石。最后一点是陈列出的器物之间的和谐关系。这一点最容易被忽视，但是最能看出设计者的美感素养。比如陈列某一时代的瓷器，当然有时代的顺序，但是有很多是既定顺序的。如宣德的青花器有十件，这十件的先后顺序就可以自由安排。在考虑了器型、大小、高低、色泽等条件后，安排出一个和谐的美的关系，并不是人人能做得到的，却是一个有能力的设计师必备的修养。

和谐的器物展式，美国洛杉矶盖蒂别墅博物馆

二、封闭式与开放式展示

讨论了分类展示的基本条件后，不能不指出尚有一个重要的条件要考虑，那就是封闭与开放的问题。我们可以看到中国台北故宫博物院的展示厅中沿墙几乎都做了玻璃橱柜，可是同样具有美术性、文物性的中国台北市立美术馆，墙壁上却是空的，只有墙的上端有一条挂画条。一般人的反应是中国台北故宫博物院所展书画为国宝，要严加保护，故用橱柜；美术馆所展为现代画，不必特别保护。但是自法国来台湾展出的印象派绘画，价值连城，不比中国台北故宫博物院的藏品便宜，何以不需要橱柜保护？所以这是展示上的一个课题，即封闭与开放之争的问题。封闭者，即将展示物保护在玻璃的后面，以防被破坏；开放者，即将展示物暴露在外，使观众容易接近。究竟何者较优则是一个见仁见智的问题，并不如一般人想象得那么简单。

展示的方法

中国台湾台北市立美术馆的展示

中国台北故宫博物院橱柜式的展示

一般认为，封闭式展示是落后的展示方法，是以保护展示物为目的而忽略观众权益的方式。相反的，开放式展示则以观众的亲切感为主要考虑，宁可牺牲展示物的安全感。其实不然。封闭式的展示当然志在保护文物，但并非完全拒观众于千里之外，保护的用意在于环境。为使珍贵的文物存在于理想的环境中，如恒温、恒湿、无尘等，都是重要的考虑，这表示展示品容易受到不良环境的破坏。

实际上，封闭式展示是有正面意义的。在照明对展示物有重要影响的情形下，封闭式展示容易安排理想的光线，可以使观众不费视力，很轻松地观赏到展品之美。因此，利用高科技提高展示效果是非用封闭式展示不可的。开放式展示确实可以使观众与展品较接近。观众有非常接近展示品的可能，而产生物我间的亲切感，这确实是开放式的优点。器物，尤其是陶瓷，开放式展示尤其可以收到良好的效果。而西画，尤其是油画，一方面抵抗环境不良条件的力量较强，同时观赏西画，最忌隔着一层会反光的玻璃。虽然优秀的设计师会用灯光来消除反光，但西画的陈列还是很少见到玻璃面的保护。

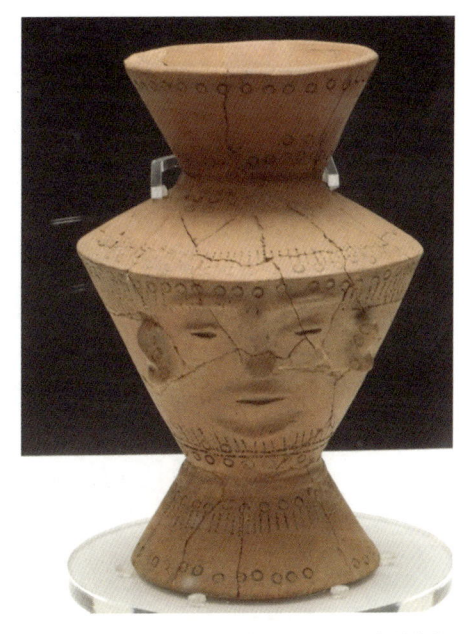

人面陶罐，中国台湾新北市十三行博物馆

展示的方法

我相信开放式的展示对绘画与雕塑是必要的,也是理想的。封闭式的展示对于玉器、宝石是必要的,也是理想的,因为它们需要特殊的照明。比较有争议的是介于两者之间的工艺美术品。工艺美术品比较容易被破坏,但由于其生活性,展出时如采用开放式,会比较生动活泼。这时候,究竟采用何种形式,通常以展出品的价值来判断。被安置在玻璃后面的展示品,观众会认为比较昂贵、珍稀。开放性的,他们会认为是可及的、可拥有的。

开放式的雕塑展示,巴黎卢浮宫美术馆

被安置在玻璃后的展示,美国华盛顿敦巴顿橡树园博物馆（Dumbarton Oaks Museum）

玻璃之隔在心理上有重大的影响。所以近年来，各博物馆都设法拿掉玻璃，有时候即使有些牺牲也在所不惜。过去，自然史博物馆中比较精致、昂贵的展示是生态造景，其中除了壁画与标本外，大多是蜡制，很脆弱，怕灰尘。这些玻璃后的橱窗型的展示，虽然非常美观，却少有人光顾。最早打开玻璃的是旧金山科学博物馆。他们率先把非洲馆主景的大玻璃拿掉，把造景中的前景伸展到大厅，用卧倒的杂木阻止观众进入造景区。

中国台湾自然科学博物馆的地球科学厅中有一大型生态造景区，花费甚大，当时曾为是否封闭而大伤脑筋。以中国台湾的环境来说，开放是非常不安全的，可是衡量展示发展的大势，还是决定不要玻璃。该厅开放已有数年，尚未遇到严重的问题。

中国台湾自然科学博物馆的生态造景厅一隅

东非稀树草原，中国台湾自然科学博物馆生态造景厅一隅

三、分题式展出式

标本展出除了分类法，还有分题法，这是一种小主题的观念。中国台北故宫博物院的展示通常是以分类法展出，可是有些特展却是主题性的，如龙年时推出的龙纹展。这就要横跨器物的分类，包括一切文物中有龙纹装饰者。我们立刻想到瓷器中的龙纹，其实漆器、玉器，以及中国人的官方或民俗一切器物都可看到龙纹。这样的展示虽然全是标本，却要按照主题选择展出品，而且是多种文物在一起的展出。

分题展示，由于有一明显的主题比较容易引起观众的兴趣，比起分类展示来说更有大众性。但是一个成功的分题展比起分类展要困难，除了分类展所需具备的条件，还要具备以下条件：

- 分题的意义要清楚地表示出来
- 各类展示品之间需要良好的配合

分类的展示不需要特别的安排，就可以被接受。宣德的瓷器安排在一起，没有人怀疑其正确性，而视为当然。昆虫的标本依类别陈列，也没有任何疑问。但是分题展示，物与物之间的关系就要加以说明。因为分题展示中的主题，必然涉及人类学或社会学的领域，没有解释是不易了解的。

分题展示可以不是完全客观的展示，可以是研究的成果。比如龙纹展，除了展出的器物上都有龙纹外，很可能要因此告诉观众龙纹所代表的意义。它是皇家的象征，还是中国的象征？龙的形象是如何因时代而发展的？不同的器物上，龙的表现有什么不同等。这里面可能要借标本来说明很多"为什么"，因此是有思想的。分题展示必须有辅助的展示，以便标本可以显示出此一特殊意义。这就是说，分题展示中，单单标本是不够的。龙纹展很可能需要一些器物的特写照片，一些说明性的图解，帮助观众了解此一展示的意义。分题展示必然带有知识性。

至于展品陈列出来的方式，由于是多样的拼合，在视觉设计上的困难度较高。如果需要一件瓷器与一件漆器、一件金银器放在一起说明一个特殊的现象,在展示上就要花些功夫。如果还有一件衣服,困难度就很大了。

不同的标本需要不同的照度,不同的展示设备,所以多样展本身就是难度高的。可是,分题式的展示已经成为特展流行的做法了。中国台北故宫博物院所办的这类特展,通常比较单纯,是因为表示主题内容的野心比较小,呈现器物客观特色的情形比较多。比如在龙纹展中,只是把有龙纹的瓷器陈列出来,再把每一件器物的龙纹呈现出来,就可以交差了。

战国中期玉龙佩,中国台北故宫博物院

明成化洒蓝地孔雀绿釉云龙纹盘,中国台北故宫博物院

生态展出式

　　生态展示比起标本展示是比较进步的观念，主要的原因在于两者展示的目的有异。标本展示是视标本为美术品或历史文物，重视其艺术与史料的价值，基本上是使此标本脱离其背景，呈现独特的美感。比如在古庙上有很多木刻的装饰，林林总总，使人眼花缭乱。当古庙被拆除时，这些木刻流入市场，被收藏家分件购藏，则每一件都以艺术品视之。对于一般观众，这些木雕在庙宇建筑上的作用已经不是很重要，其美观才重要。木雕的故事很重要，其与庙宇原有的象征关系并不重要。

　　但是对于现代的观众，也许单是其艺术价值是不够的。他们希望知道这件艺术品的背景，以及其与背景的关系。因此，一只近三角的雕龙木刻，可能是建筑上的雀替。它究竟是庙的哪一部分？为什么？这时候，理想的展示方法就是生态展示。也就是恢复展品的原有环境。以上提及的例子，最好是建造一座庙，把木雕放在原来的位置。如果做不到，至少复原与该木雕直接相关的那部分。如果仍然做不到，至少要用立体图解的方式，构想一个原有的环境。因此，生态展示可以说是自然史的展示方法。所以，中国台湾自然科学博物馆是把一座庙重建，使一切木雕均回归原位。有时候，这并不是一件很容易做到的事。

重建的万福宫，中国台湾自然科学博物馆中国人的心灵生活厅

万福宫的木刻装饰

一、原寸生态式

在自然史馆里，使动植物标本显示其生命的办法，就是重建生态环境。diorama 在英文中表示生态造景。它的原意并非为生态，而是把动植物放在景观之中，以引起观众的兴趣。从生态观点看，这个造景就更有意义了。

博物馆中的造景，限于既定的环境，必然是创造的幻觉世界，只有标本放置的地方是真实的。但是，造景中出现的一切生物与无生物，都应该绝对正确。大型的造景，其景是靠后面的壁画来表现的，而绘制自然史的壁画是一个特殊的行业。这是工具，也是艺术，立体生态造景的造价看的是制造幻觉的水平。

在生态造景达到高潮的 20 世纪上半叶，美国的自然史博物馆里，不但有第一流的背景壁画艺术家，还有第一流的标本制作艺术家，甚至植物的叶子都是手工用蜡制成。今天没法负担这样好的质量，尤其是植物，大多用真的标本加以干燥。比较便宜的展示，则用塑料树叶代替，其效果只能说不尽如人意。但是，树干总是最成功的，因为复制的技术已经炉火纯青了。

第二次世界大战后的生态造景延伸到人类学领域。人体不能使用标本，乃以蜡像展示，因此使用局部的建筑环境展示方式被采用。美国华盛顿自然史博物馆曾有一次成功的展示——介绍印第安人的生活方式。观众穿过房屋之间，颇有真实感。其成功要点为逼真、准确、生动。

非洲象，美国华盛顿自然史博物馆

日本的博物馆使用很多市街模型，日本奈良县五条文化博物馆

华南的农业环境，中国台湾自然科学博物馆

二、缩小生态式

　　以上所讨论的都是原寸的生态造景，除了背景幻觉之外，其前景的尺寸是正确的。可是生态造景亦有非原寸的，由于空间经费的原因，造景都可能为缩小模型，但这种生态造景都不能称为 diorama（透景画）。使用缩小的模型再造环境，就完全抛开了标本的限制，可以充分地发挥想象力。用缩小模型来表达自然物的很少，大多用于民族学或人类学的展示。日本的博物馆使用很多古市街模型的复原，模型的比例以空间决定。

076　　展示缪斯

中国台湾自然科学博物馆的中国科学厅是日本丹青社设计的，所以使用了不少缩小模型，尤其是中国农业厅与南岛民族厅。中国台湾虽有不少使用缩小模型的例子，但这两处缩小型的生态造景可谓最成功，其规模也最大。农业厅中制造了三个中国农业地域的生态造景，全是依实际景象再现。此三景的比例尺略大，可以清楚地观察建筑、田园与人物活动。南岛民族厅则是制造了山地部落的三种居住环境，主要是自然环境、聚落与活动在山林、山坡、海边地不同的生活方式，比例较小，但在望远镜下观察，颇有吸引力。

华中的农业环境，中国台湾自然科学博物馆

华北的农业环境，中国台湾自然科学博物馆

中国台湾山地部落雅美人滨海生活的居住环境，中国台湾自然科学博物馆

中国台湾山地部落凯鲁族山地生活的居住环境，中国台湾自然科学博物馆

展示的方法

放大的昆虫，中国台湾自然科学博物馆

三、放大生态式

在外国有很多缩小的生态造景，亦有背景绘画或透视模型。把立体的模型做成透视画，使其看上去有深度，是西方的舞台创景技法。该技法自文艺复兴后期以来即十分盛行，使用在生态造景上当然是有趣味的。日本并无此传统，所以很少使用。生态展示，放大是极少有的手法。但是，为了展示眼睛所不易觉察的细小生物的生存环境，加以放大是很有效的表现方法。比如昆虫世界，就是我们所不熟悉的。因此这种展示多半使用在儿童博物馆中，其目的纯粹是教育。

生态展示式照样有开放与封闭的问题。开放式的生态展示是非常有吸引力的，中国台湾自然科学博物馆的热带雨林展示，就是可以"走进去"的生态展，身在其中，感受极为深刻。又如前文提到的"人类学之聚落展示，也是可以走进去"的，予人以身临其境之感。可是可以"走进去"的生态展示为数不多，而且要小心使用，因为低价位，而无良好设计的这类生态展，会有百货店的布景的感觉，制作草率的话，会给人恶劣的印象，所以在临时展示中最好不要尝试。一般的生态展示柜，如果不用玻璃，就可以有半开放的感觉，比起用玻璃罩好得多，但是必须承担擦玻璃与打扫灰尘的压力。中国台湾自然科学博物馆的生态造景基本上是传统的，但都拿掉了玻璃，在该馆经营了数年之后，情形尚不尽如人意。

上文提到的中国农业厅与南岛民族厅的缩小生态造景，由于模型很细致，我们都加了玻璃。设计单位并不主张有玻璃，但缩小的造景不易清理。事实上，缩小的造景加上玻璃保护，只要没有反光的问题，并没有太多的障碍，因为既然是缩小过的，已经没有真实感的问题了，而是好奇心与寻求趣味的心情，而原寸的造景比较不适于使用玻璃。我们在这些造景上设立了遥控的寻景望远镜，使趣味性提高，观众并没有被阻隔的感觉。

动态机械展示

以上基本上是静态的展示，下面我们将介绍几种动态的展示。动态的展示可分为三大类，第一类就是动态的机械式展示。

一、原型仿真式

这里要说明的是，机械在理论上应该都是可动的。但是，把可以动的机器放在博物馆的展示室里，而没有动起来，就不再是活的机器，而是一件标本。比如一部老汽车，放在博物馆里，有时还摆在玻璃橱里，就成为标本了。这里指的是展示的时候，在动的状态下的展示品。这显然是不容易的，一部汽车在展示室里是不可以开动的，其他的机器也是一样。只有很少的机器可以在展示室里以正常的方式运动，比如钟表。但是在钟表博物馆里，作为标本的钟表也是静悄悄地躺在玻璃柜里，没有真正运作。

有一件例外就是中国台湾自然科学博物馆的"水运仪象台"，那是复原了一座宋代的天文大钟表，这种复原如果不能运动是没有意义的。因此，除了人工打水的部分用电力取代外，复原是非常完整的，观众可以看到每一部分运作的情形，这是最理想的一种原型式动态机械的展示。其实一般的钟表也可以这样展示，只要放大若干倍，把运转的机械照实制作，就可以产生良好的展示效果。

一般的科技馆的展示中，对于机器的展示，有以局部动态吸引观众注意，并提高教育性的例子。比如汽车的展示，把车辆切成一半，显示汽车的传动系统。这时候，运动的形成不是靠原有的动力，而是外加的动力，完全是为展览而设计。有时候，汽车的引擎被切开，看到活塞的上下运动，这更不是原有的动力，而是外加动力表演给观众看的，这可以说是模拟的运动。

仿真的运动在动态展示中非常普遍，这是西方文化在钟

慕尼黑市政厅的大钟表演

表动力发现后，发挥在玩具上的创造力的延续，钟表上有鸟按时出场鸣叫是最普通的例子。在欧洲德国系统的城市里，市政厅有大钟，每到某一时间，会有人物出场表演，全是机械性活动。这就是用机器来模拟真实的活动，西方的钟匠在这方面的才华令人敬佩。

对于东方人觉得困难的，西方人视为简单的机械。比如，模型人跳舞的动作，西方的匠人可以轻易地做出惟妙惟肖的动作。在迪士尼乐园中，有一段展示为林肯总统的演讲，整个动作配合讲稿，非常逼真。

在中国台湾自然科学博物馆的"我们的身体"展示厅里，有一具人体骷髅，手执教鞭演讲，就是简单机械的动态展示。近年来，中国台湾此类展示已经可以制作，因为已有掌握此种简单机械设计方法的人才。在每年的元宵节，动态的花灯就是此类机械设计的产物，只是设计与制作上较为粗糙，动作不够灵活而已。中国台湾自然科学博物馆杨中信主任，在环境临时展示中，借皮影戏中武将的简单动作，用闽南语对观众讲解环境保护的重要性，为一有趣的模拟动作的展示。中国台湾自然科学博物馆的另一个有趣的模拟动作展示在恐龙厅的前厅。那里有一只鳄鱼伏在水池边，只有眼睛不时地眨一下。这是非常简单的动作，但由于鳄鱼是静态的展示，观众并不预期它会动起来。所以，当它的眼皮眨动时给人的冲击力相当大，因此成为中国台湾自然科学博物馆展示场的名角。前两年流行的动态的恐龙都属此类。

中国台湾台北市元宵节的花灯　　中国香港元宵节的花灯

迅掠龙，中国台湾自然科学博物馆

会眨眼睛的鳄鱼，中国台湾自然科学博物馆

　　科博馆恐龙厅的展示有两种仿真动态展示。一种是"恐龙的早餐"，是既有动作又有声音的缩小恐龙模型，表达环境观念。另一个是"骚包恐龙"，是以模拟人的动作来教育人的。孩子们非常欢迎这类简单动作的展示，成本低，回收高，发挥了动态的威力。另一种动态机械展示是观念与原理的展示。这类展示的目的不是说明标本的原有动作，或模拟动物的活动，而是说明一种原理，我称之为概念模拟式。由于着重于概念与原理，可想而知，用在科学中心的比较多，在一般博物馆较少。

展示的方法

暴龙，中国台湾自然科学博物馆

二、概念模拟式

概念仿真式机械动态展示又可以分为两类，一类是仿真的动态，就是要展示原理，属于物理性的动态仿真。这种实质上不能称为仿真，应称为装置。比如在科学中心常有一种展示，用小球在一座复杂的装置上滚动，以其重力造成装置机械上的动作，十分有趣。在自然科学博物馆科学中心四楼有这样一个装置，使用同样的原理。香港的科学中心在进厅建造了一座非常大的装置，每次动作起来，观众都会驻足观看，成为该馆的中心展示。运动是物理学中力学的一个现象，因此要使观众体会到物理学上的一些动力的简单原理，最好的方法就是利用一个装置，直接表现出来。

另一类动态的展示也是利用动力的原理，但所表达的观念却不是物理学，我概称之为非物理性的动态仿真。举一个最简单的例子，科博馆的科学中心有一个说明可能率的装置，当一堆钢珠自上方落下的时候，经过自然下坠的调整后，落到下面的分布，永远是正弦曲线。即落到中央的机会永远高，落到两端的机会永远低。此乃使用重力的原理，表达概率。在科学中心的展示中，这类例子很多。有很多科学原理，不属于物理，特别是数学，是纯概念性的，不容易了解，用动态的装置来表达是非常有效的。

观众参与式展示

传统的展示是只能看不能动的。以上所举的三类展示，大体上说都是只能看不能动手之类。虽然动态的展示是最近发展出来的，仍属于不可动手一类。

一、参与启动式

观众参与式的展示是展示学上的一大突破。基本上是自科学的展示发展出来的。博物馆的学者发现，一般大众性的观众对展示的兴趣系乎个人的经验，与个人经验完全无关的很难发生兴趣。因此展示要成功，必须创造它的新经验。经验的本身就是学习的过程，也是游戏的过程。观众参与式展示，就是结合游戏与学习，寓教于乐的新方法。所以，现代的博物馆无不期望利用观众参与式展示来提高展示绩效。我把观众参与式展示分为两类：一为观众主动参与式；一为观众被动参与式，兹分别说明于下。

观众主动参与是比较理想的参与方式。这类展示是把观众的参与设计在展示中，没有观众的参与这个展示是无法完成的，这是美国旧金山探索馆的奥本海默先生的基本观念。由于需要观众参与，所以展示的装置非常简单，花费有限，可是需要很有创意的设计。举例来说，科博馆在筹划的时候，决定在建筑上安置一个日晷。日晷是一种可以根据日影来判断时间的装置，先秦时代就有了。多半是一根主针，下面画着很多线条。古人是观察所得，今天可以很准确地计算出来。在德国影响圈的地区，日晷是很重要的科学性装饰。它可以表示出时间，还可以表示出日影运行的轨迹。我们尝试了多种方法，觉得跳不开前人的窠臼。国外一些新馆已经把它视为一件现代雕刻了，我们想变也变不出花样，最后决定用最便宜的观众参与式。我在下层广场（当时附近没有大楼）的地面，砌出一个日晷的图案，边上有刻度。让观众自己站在地上当立针，去观察当时的时间。观众不站进去，这个展示是不完备的，只有他站在适当的位置，太阳把他的影子投到日晷的刻度上，才可以看清楚当时的时间。这并不是一个非常理想的展示，因为在广场地面上没有受到太多的注意，观众需要解说人员的指导才能发现，另外，人影太粗，指出的时间并不准确，但却是一个很好的观众参与的例子。这可以称为全身参与式。

日晷，中国台湾自然科学博物馆

可是，观众主动参与展示的大部分例子属于启动式参与，并不属于此类。也就是说，一个展示要完成，必须有人去动一下，或单击，或喊一声，否则没有意义。启动，并不一定要全身参与，比如一个自由下垂的摆，用手拨弄，会产生有规律的摆动，它的轨迹是一个几何图案。这个展示很简单，却必须有人去拨弄，以启动这一展示。不同的拨弄方式会产生不同形式的图案，展示的设计只是让摆锤的轨迹可以留下痕迹，让我们查验。普通的办法是弄一个沙盘，让摆锤在沙上刻画过去。在美国旧金山探索馆，他们想了个办法，使轨迹画在一张小纸上，因此，人人都成为几何派的画家了。又如，在大多数的科学中心都有声音反射的展示。距离数十米处各装一卫星天线式的反射器，但此展示要完成，必须两边都有人，互相低声交谈，一旦交谈证实了传声的效果，展示即已达到娱乐与教育的目的。

启动式的参与为数最多的，是用手拉把手，或用手按电钮。这类的参与是聊备一格，并没有真正参与。但是人类是注意力很不容易集中的动物，常常视而不见、听而不闻。启动式参与虽然不过是单击电钮，也是引起注意的一种手段。在这一简单的动作中，观众有两种反应。第一是注意到展示并未启动，比如应该转动的展示并未转动，开始有启动它的动机。这种动机可能引起观众深入了解展示内容的兴趣。第二是启动的动作使观众产生某种成就感，因为展示应手而动，所以可能使观众花费数分钟去了解内容，以达到展示的目标。现代参与启动式展示受到的批评最多。很多人认为所谓现代化展示就是按电钮的展示。1980年，科博馆开始规划的时候，当时南非博物馆的馆长来访，就郑重告诫我不要落入按电钮的窠臼。这是因为虽然有上述引起观众注意的长处，但这个注意力是否能持续下去，仍然要视展示启动后所能引起的兴趣而定。可惜的是，电钮启动式的展示，通常是趣味不高，或需要某种知识基础的展示。对于年轻的观众，其兴趣只在于启动展示这个动作，所以一旦启动，他的兴趣便已经消失，就会离开该展示去启动下一个展示了。所以，在此类展示过多的展览厅里，常见孩子们到处奔跑按动电钮。这是最令人伤心的、失败的展示，而很多动态机械式的展示都是采用观众按钮启动的方式。

有时候，不用电钮启动，而是用红外线自然启动。人站过去，灯就亮了，展示就开始。科博馆的人体厅开始的展示是一对被围在围栏里的年轻夫妇，而一群畜生则围着这对夫妇观看。观众一站近，便启动录音了，亮起了灯光，说明人也是种动物，可是很少人把这个展示的意义弄清楚，因为寓意太深，设计师虽然花了不少心思，人物与动物的模型又做得非常好，可是总不能吸引观众。

二、参与选择式

比启动参与进一步的是参与选择式。这是什么意思？为了引起观众的兴趣，启动后的展示内容有几种，因此要求观众选择其中的一种。选择式的参与比较有趣味，是一种知识性的展示。比如最近中国台湾省立博物馆的特展中有一个台湾特有鸟类的展示。展示的前面有选择的按钮，选择哪一种鸟的名字，就会出现这种鸟的有关信息，如鸟叫的声音等。这样一一按过去，就可以对台湾特有鸟类有大概的了解。类似的展示在中国台湾自然科学博物馆的"大自然的声音"展示中有一种展示，为鸟类标本栖息的树木，按钮时，则有灯光投射在鸟身上，并发出这种鸟的叫声。

这种方式在历史性与地方性博物馆的展示，辨认地图的时候用得最多。地图上布满了小灯，可以视该图上要展出的系统来决定选择的分类。如果是展出生产系统，按钮可找出各种不同产品出产的地点；如果是展出交通系统，按钮可以找出不同的交通路线；如果是展出重要的目标系统，按钮可找出古迹重要建筑、观光点，有时候也可以直接指出有趣的观景点。此方法最近比较常用在计算机的展示上。计算机的屏幕上通常显示有几种选择，观众可依自己的爱好选择其中之一观赏。这种方式的展示，很少有观众只尝试一种选择，观众总会试试看其他选择的结果如何。因此，对于没有太多兴趣学习或了解的观众，为按键而按选择键也是常有的情形。

参与式地图展示，瑞士圣加仑自然博物馆

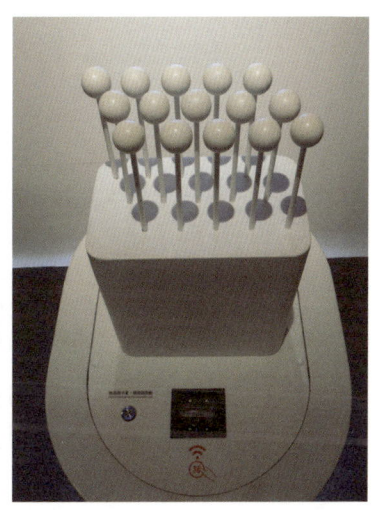

需要观众按钮启动的参与式展示，中国台湾自然科学博物馆科学中心半导体的世界

在观众主动参与式中，最有吸引力的是参与操纵式。参与操纵是此展示的动作需要观众去操纵才能产生作用。启动式地参与只是启动而已，并没有积极地参与，操纵式则实际上通过经验来完成。在科学中心里，最有趣的展示都属于此类。比如，利用脚踏发电机以启动马表，显示出观众的运动速度。观众必须努力踏动发电机，努力的程度显现在数字上，因此这个展示是观众操纵的。又如，电动音乐的展示，是用手折断风管，即发出不同音阶的声音。观众可以把它当琴弹，弹出简单的旋律，这自然是完全由观众操纵的。在中国台湾自然科学博物馆的"大自然的声音"主题中，英国的设计师首创了几种乐器的展示，是在玻璃柜的外面控制乐器的演奏。

参与操纵的最大意义是以亲身经验去体会展示的意义，趣味性高，但要注意参与后真能学到些什么。比如前文提的电动音乐的展示，虽然可以弹出乐音，但却无法体会真正的原理，并不能算优良的设计。最有意义的展示则是科博馆的体验性展示。当人站在转盘上，用力转动转盘时，人体就感觉到旋转的速度。这时候，双手执哑铃下垂，旋转的速度加快；两手上抬，可感到速度减缓；双手举到最高的位置，旋转的速度最慢；立刻垂下双手，速度则显著加强。这是亲身体验力矩的一个展示，一旦尝试，终身都不会忘记。

观众参与式的另一大类为观众被动的参与式。这是说，此类参与式的展示，观众处于被操纵的地位，而不能自如。一般说来，在博物馆的展示中，不很适宜。被动式的参与展示提供惊奇感的机会较多，提供学习的机会少，它是属于游乐园式的展示方法。可是近年来，博物馆与游乐园的界限越来越模糊，我们不能不对此种展示予以介绍。

火车运行展示，中国台湾博物馆铁道部

三、电子游戏式

电子游戏式的展示是被动参与的一种典型。被动参与的特色是观众不需要下判断，却不时被一种悬奇的气氛所控制，使神经不断地处在兴奋状态之中。电子游乐器之所以使孩子们不肯回到教室，就是在这样的迷恋之下造成的情形。机械游戏式是游乐园中很普遍的展示方式。比如履带式的游戏，观众坐上车辆，开始运动，穿过某种有刺激性的展示。观众完全在被控制的状态，不能提前离开，一定要等车辆回到出发点时才停止。展示可以是各种内容，历史性之展示为故事的动态化，自然性之展示如洪荒时代的恐龙巨兽，太空中之景象或各地之自然景观等。在过去，此类游戏只在游乐园中使用，但自迪士尼之爱克帕中心开放以来，有些博物馆的内容亦被采纳，因此保守如英国也在使用了。

四、机械游戏式

机械游戏式的展示包括一切儿童游乐园中所使用的设备，且大多为亲身体验式的游戏，如摩天轮与旋转飞车——博物馆的观点是亲身体验高度与速度的意义。但是在一般博物馆中，这些方法不易采用。

展示的方法

投影展示式

在 20 世纪下半叶所发展出的游乐园式展示中，被博物馆全面吸收的是投影展示。所谓投影展示就是利用电影原理投射出故事与画面的展示。电影艺术是以故事为主，而投影展示则以画面的展示为主，而且强调的是新电影投射技术的效果。

投影展示，中国台湾新北世界宗教博物馆

电影的技术发展是银幕越大，声、光、色越准确。可是银幕大到某一种尺度之后，故事的效果就降低了，视觉的效果就提高了。电影故事与文学比较接近，而其视觉效果就是展示艺术的一部分了。银幕的尺寸与形状对官能的影响甚大。银幕大到需要转动脖子才能掌握全部画面的时候，那种屏幕的影像就有环境仿真的作用，换言之，它使人有身临其境的感觉。这种感觉具有强大的吸引力，所以被游乐园所采用。比如在尼亚加拉瀑布前面拍照片，如果只是常见的普通大小的相片，那只能告诉游客那里的景致，如果放大到十几米的高度，其景致就惊心动魄了；如果是动态的影像，那几乎如同站在瀑布前面了。这就是 IMAX 电影能够发展的原因。

这类 IMAX 电影能转到博物馆中，是因为它是可以叙述故事的。故事属于纪录片时，就可以成为自然史馆、科技馆、人类学馆的良好展示材料。由于画面很大，故事的气氛不容易完全控制，而且拍摄的费用非常高，所以不适于剧情片。IMAX 电影对感官的冲击力太大，片长超过三十分钟就容易产生疲劳感。比较成功的片子，大多是生态纪录片，如非洲动物群的生活、海底景观等。加拿大文明博物馆尝试拍摄的"秦始皇"为一部剧情片，展示效果不佳。

把大银幕进一步放大，变成圆顶形，就是圆顶银幕。这是首次在美国科学博物馆中使用的系统，即 OMNIMAX 投影系统。这种银幕包住观众席，自然很难看到银幕的全部。观众的视线要转颈与仰头才能接收到画面，其临场效果极佳，今天已成为博物馆的标准设备了。尤其是与星象仪相结合的系统，特别被博物馆欢迎。标准的尺寸是二十三米的直径，三百个左右的座位。

OMNIMAX 投影的圆顶巨型影院，法国巴黎科学与工业城

　　大银幕的临场感不只限于银幕很大，而且由于其拍摄的机器十分庞大，必须由飞机或其他运动中的舟车等载往现场，故无意中得到一种特殊效果，那就是银幕的晃动效果。如在飞机上拍摄自然景观，飞机的速度与摆动，均会造成感官的强烈冲击，如同身在飞机上一样的感觉。因此，这种令观众惊叫的效果，就成为大银幕电影的注册商标，是其他媒体所不易取代的。

　　在游乐园中也发展出环形银幕的电影。人站在中间，电影由九部机器投出，形成环状。这种电影没有形成气候，主要因为当画面超过视界太多，即使仰头或转颈亦无法掌握时，会使观众感到不能尽兴。由于观众永远无法同时看到全部画面，所以这类电影还是会把主景放在大众的眼前，后面的画面只是聊备一格而已。可是，这由此却牺牲了眼前的画面，而缺少大银幕的感动力。这种剧场的直径至少要十六米以上，以二十米以上为宜，小于十米就是玩具了。

中国台湾自然科学博物馆计划用环形剧场建造以环境为主题的投影式展示，但是对传统的环形电影评估后，觉得不足以达到展示目的。经由英国设计师建议，博物馆设置配备了世界第一座旋转座席的多媒体环形剧场。不用电影，而结合了电影、幻灯机、电视机等，加上活动的多层银幕，这个剧场是世界上最特殊的环境展示剧场。投影系统实际上可以做各种形式的用途，可以变花样，只要合乎目的就可以了。

环形剧场，中国台湾自然科学博物馆

展示的方法

在筑波科学技术世界博览会上，有各种投影系统，其中向下投射的一个系统，由于仿真自飞机上的俯视效果，非常有发展的可能性。所以，中国台湾自然科学博物馆设置配备了鸟瞰剧场，很可惜的是，科博馆并没有自制软件的能力。

鸟瞰剧场，中国台湾自然科学博物馆

如果有一个"鸟瞰台湾"或"鸟瞰大陆神州"的片子，这座剧场就可以发挥其全部功能了。

投影展示是一种科技产物，因此是在不断进步之中的。进步的方向是更具感官冲击力的三度空间。影片的立体化已有几十年的历史，但在技术上更加成熟，效果上更为逼真，动态更为自然，则是近几年的事。所以，迪士尼乐园斥资千万美元拍摄了第一个立体歌舞影片，并在乐园中设立剧场，使其他投影系统大感逊色。

立体影像也许是未来的发展方向，可是它的缺点是投资太大，故事性不足，目前仍只限于效果片，使观众在座位上惊呼。为了弥补教育性的欠缺，中国台湾科博馆的立体剧场在影片之前，加映一段立体多媒体的效果也非常动人。理论上说，一切投影系统都可以用立体影像表现出来，所以公司几年前即发展了立体的 IMAX 机器。由于设置配备这种机器的剧场甚少，片源即有困难。中国台湾高雄科学工艺博物馆在几年前即购置了这种立体投影机，业已开放，其效果与中国台湾科博馆的主剧场相近。由于立体影片至今仍需要戴上偏光眼镜，所以对观众还是不方便，且增加管理上的困难。所以，立体影像的技术仍然有发展的空间。

未来的高科技展示

高科技的发展对各方面都有冲击，我们相信未来的博物馆展示必然受到影响。只是到目前，这种影响的幅度不大而已。

目前，计算机应用展示已经非常普遍，但是其用途仍然限于辅助性的工具。在传统的展示条件下，加上一台计算机供数据查询，是最常用的办法，辅助性的计算机是纯知识性的。比如说生态造景附有触摸式计算机是很普遍了，美术馆中已渐有同类的设置。在十几年前，美国加州的保罗·盖蒂博物馆首先发展出查询用的计算机展示，可供观众对古希腊的瓶子的相关知识进行查询。诸如历史背景、艺术手法、主要收藏等应有尽有。

利用计算机的展示，德国慕尼黑宝马汽车博物馆

借由计算机辅助展示，美国洛杉矶保罗·盖蒂博物馆

让孩子利用计算机在游戏中学习，美国洛杉矶盖蒂别墅博物馆

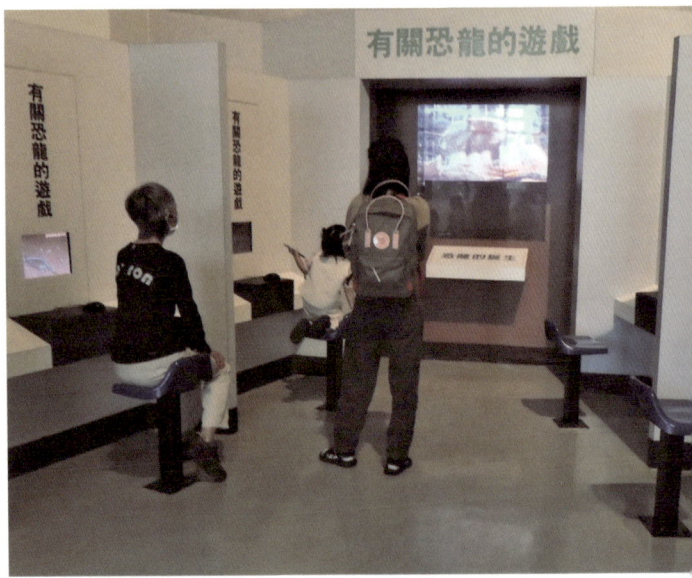

恐龙厅中的计算机游戏，中国台湾自然科学博物馆

另一种常用的计算机展示是利用计算机游戏的原则来设计软件，其目的是使孩子们在游戏中学习应有的知识。比如在中国台湾自然科学博物馆的恐龙厅的一角，有计算机游戏，孩子们可以把计算机中呈现的恐龙骨头拼成一个完整的骨架，就是最好的例子。

可是，未来计算机科技对展示的影响可能就不限于此，要考虑到未来的计算机实际上代替展示的可能性。近年来，所谓"虚拟现实"的技术大有发展，但仍然没有发展到很成熟的阶段，可是有一天，此种技术必然会把参观展示的经验带到计算机效果中。那时候，观众就可以坐在家里参观博物馆了。

中国台湾自然科学博物馆的数字典藏让观众在家中参观博物馆

04 展示设计的艺术

展示设计是一种艺术，是毋庸置疑的，这可以从两方面来说明。第一，设计的过程是一种创造的过程，因为一个展示要发挥的功能，必须通过展示的手法来实现，所以展示设计是空间艺术创作，与建筑等没有基本的差别。所以，展示的美学与建筑的美学是可以互通的。第二，展示要达到的功能也许是传达所展示的内容，但是以公共展示的教育性而言，美感是其固有的本质。展示的美感不只是为了吸引观众，还是以美来感染观众。因此，美是一个成功的展示所必然具备的条件。

风车，中国台湾自然科学博物馆户外庭园　　生命演化史步道，中国台湾自然科学博物馆户外庭园

洛书，中国台湾自然科学博物馆户外庭园

北美红鹿，中国台湾自然科学博物馆户外庭园

五角龙与暴龙，中国台湾自然科学博物馆户外庭园

不规则中的规则，中国台湾自然科学博物馆户外庭园

展示艺术与建筑艺术的分野

  在设计的过程中，展示与建筑的关系，当然以室内建筑为最近，这就是早期的展示大多由室内设计师承担的原因。但为了明晰，仍然用比较的方式，分析其间的异同。

展示的空间特质：
1. 为在既有的空间中安排，多已有外缘的限制。
2. 外缘之内并无任何限制条件，故具有充分的自由度。
3. 动线为空间组成的重要考虑因素。
4. 适于与自然完全隔绝。
5. 没有明确的造型。

以上五点，可简称为限制、自由、动线、隔绝、无形。展示的空间大多受到既有空间之限制。也就是说，展示设计师受托的空间多是建筑师已设计完成，或已建筑完成的空间，展示设计师不可能改变这种情形。在过去的经验中，展示设计师时有希望影响建筑空间的行动，但多半不成功。英国已故的葛登纳先生曾为新加坡规划科学馆，希望以展示的精神来设计建筑，意见未被采纳，颇引以为憾（葛登纳先生面告）。他为中国台湾自然科学博物馆计划展示空间规划时，亦定了建筑的组构，但其意见仅供参考，建筑师大多未予采纳，最后被接受的建筑设计，部分采纳了葛氏的精神，已经算是很少有的情形了。

这是因为建筑的寿命常较展示的寿命久远。自19世纪以来，先进国家时常举办世界性展览。早期，建筑与展示是同时存在，有时也是同时被拆除的。直到今日，世界博览会的展示与建筑虽然花费极为庞大，也常常是在展示闭幕后即拆除的。可是，在博览会之外的各种展览，包括商展在内，大多为永久性建筑，展示则不断地更换。在某些特殊情形下，如台北市的商展场地，展示租用时间常常只有几天或一周，这是场地少、租金贵的缘故。至于商展之外的展示，特别是博物馆的展示，展出的时间会很长，但总是在固定的建筑空

中国台湾台北市商业场地的展示

间中展出。因此，博物馆的展示空间必然是先展示而存在的。虽然有些特别重要的展示也会改变建筑的局部，如移动部分墙壁，但基本上是以既定的空间为范围的。

　　展示艺术在空间上虽然有了固定的限制，但在精神上是自由的，它的自由度远超过建筑本身。展示设计在既定的建筑空间之内，没有任何限制条件，有的，就是展示功能方面的考虑。展示设计师可以利用已有的墙壁、天花板与地板，也可以完全不用，在内部重起炉灶，建造一个内层的环境。有时候，为了展示的效果，这几乎是必要的。反过来说，也可以完全尊重原有的空间，略加修整，予以充分利用。这些均可供设计师自由发挥，丝毫没有包袱。展示设计和舞台设计的性质是很相近的，在既定的空间内，可以放纵想象力，可以创造虚幻的境界，这是建筑艺术很难望其项背的。它的真正限制是设计师的想象力与经费来源。尤其是后者，几乎决定了展示的自由度。

尊重原有空间的展示

舞台设计般的展示

展示的短暂性，使得它不需要永久性的材料，因此施工亦甚简便。这是互相影响的条件，使得展示可以在比较少的经费内，发挥想象力，完成比较动人的效果。昙花一现，可以说是展示设计的精神。

以上所谈到的限制与自由两种性质，与室内设计、建筑的相关性如何呢？以室内设计来比较，室内通常也受到同样的限制。所谓室内(interior)，在本质上已经限定为建筑的内部空间了，是没有什么可以讨论的。但是展示设计与室内设计的差别处，正是在自由条件上。换句话说，展示设计在先天上较室内设计更自由。室内设计与建筑的关系已经扑朔迷离，很难厘清，但在本质上，室内设计是建筑的一支，因此受建筑原则的支配。凡是太有原则的，就没有多少自由，尤其是现代建筑的理论吸收了太多道德观念在内。在过去，室

踵事增华的天花板上的绘画，法国巴黎毕加索博物馆

展示设计的艺术

内设计与建筑是同一个行业，因此室内设计是由建筑师完成的。在 18 世纪以后的欧洲宫廷建筑中，室内设计是建筑师重要的工作。当时没有设计的观念，所以室内设计就是室内装饰，今人称为室内装修，是为房间化妆的意思。顾名思义，即知它不会改变房间，只会在表面的材料与花样上踵事增华。由于家具与天花板、墙壁、地面上的装饰是一体的，所以室内设计师很自然地承袭了选择家具与窗帘等工作。也是基于此方向，室内装潢有时不能不包括墙面，甚至天花板上的绘画，乃至家具上的陈设物，与展示有所牵连。

最近若干年来，室内设计渐独立为一行业。由于许多建筑师投入室内设计的行业，所以室内设计师逐渐突破装饰者的身份，而以空间改造者的面目出现。他们是建筑师，因此对他人设计的建筑就有不同的意见。室内设计成为把他们的空间构想插枝在他人建筑上的一个机会。所以，今天的室内设计师总是尽其可能改变原有建筑的空间特质，变成他自己的东西。因此，今天的建筑师与室内设计师几乎成为敌人了。对现代建筑师来说，这是一种侮辱现代建筑主张直率的表现，他们认为室内应该就是建筑物呈现出来的样子，是水泥的就应该是水泥，是红砖的就应该是红砖，率真的材料与认真的施工，就是最好的装修。所以，现代建筑师理想的室内就是家徒四壁，有时候多一点东西都是累赘。在这种情形下，室内与展示的关系，就是把家具当成雕刻品来看。法国名建筑师勒·柯布西耶的素描中，把家具与人物都画成雕塑，就是这个道理。

前文说到室内设计与建筑之对立，似乎室内设计在挣脱建筑的束缚，争取更多的自由，这是确实的。但是，争取自由的设计师并不是在争取心灵的解放，而是争取自己的表现空间，而他自己仍然不能脱离建筑原则的束缚。也就是说，他在甲派建筑中，插进乙派建筑的风格，并不是把建筑的原则完全推翻。所以，整体看来，他的自由仍是有限度的。不论是哪一派的建筑师，他们在先天上必须受限于建筑的功能。如何处理功能上的要求，是他们在工作中最基本的任务，这一点他们是视为天职的。也是基于这一点，他们自视高人一等，而并不看得起完全以装潢为目的的设计师。不但如此，受现代教育的建筑师，常常视结构力学为重要的原则，因此对于柱梁等是相当尊重的。这是他们在精神上所受的合理主义的限制，对展示设计师来说，是毫不存在的。这也解释了展示设计上"自由"所代表的意义。真正的展示设计师，不论他是否有建筑的背景，都应该发挥这种自由，使设计脱开建筑的限制。当然，建筑对设计的影响太大了，要争得心灵的自由是很不容易的。

美国得克萨斯州达拉斯艺术博物馆的展示　　美国得克萨斯州达拉斯艺术博物馆受限于建筑的展示

展示设计的艺术

20 世纪 20 年代，欧洲有两位大建筑师对展示设计有决定性的影响。一位就是包豪斯的创始人格罗皮乌斯先生（Walter Gropius），他的思想经由后来他任教的哈佛大学，传播到全世界。另一位是包豪斯最后一位校长，密斯·凡·德·罗先生（Mies van der Rohe），他的观念经由后来任教的伊利诺伊理工大学，传播到全世界。他们两人代表了不同的展示观。格罗皮乌斯所倡导的包豪斯的展示观主导了现代的展示设计，可以说是主流的展示理论，由于格罗皮乌斯以工业化社会为基本立论，在后来的工商社会中比较容易被接受。展示设计与一切设计相同，多多少少都是在包豪斯的影响下发展出来的，其中很重要的观念就是动线。

在展示设计中，人的因素也就是使用者的需要，主要是循序渐进的运动（movement）。前来展示场的人，没有

格罗皮乌斯设计的包豪斯校舍

密斯·凡·德·罗设计的德国柏林新国家美术馆

很复杂的活动，他们来此的目的就是参观，他们的动作就是停、看、前进。在若干时间后，常常是数分钟到数十分钟之间，他们就离开展场，再也不回来了。所以使观众自然而顺畅地前进，在希望容纳很多观众的展示设计中，几乎是最重要的条件。怎么在设计中达到这个目的呢？就是重视动线的安排，因此，展示设计中最重要的空间组织的要件就是动线了！动线在建筑设计上也是很重要的因素。在现代建筑流行的时候，动线常被视为满足机能的重要条件。但是动线在建筑上没有绝对的重要性，因为建筑中的使用人，走动并不是最重要的活动。即使在展示中，如果是美术性的展示，不会吸引大量的人群，而参观者的活动不一定只是前进时，动线也不见得重要。如传统美术馆中的展示环一室之壁展出，就是不考虑动线的例子。

得克萨斯州达拉斯美术馆环一室之壁的展示

美国得克萨斯州沃斯堡现代艺术博物馆的展示

展示设计的艺术

法国卢浮宫在广场上开个大洞,加上玻璃屋顶引进自然光

法国巴黎奥赛博物馆采用原来即为玻璃屋顶的建筑加强了自然光的效果

展示之异于建筑的第四个条件是隔绝,也就是与自然几乎完全隔绝。建筑艺术是暴露在光线下的造型,无法脱离自然环境。即使是建筑的室内,光线也具有十分的重要性。因此如何把光线引进室内,是建筑师的重要课题。对建筑师来说,自然光有一种神圣的本质,如果没有自然光,一切造型就失掉了意义,这就是近年来建筑界大量使用玻璃屋罩的原因。卢浮宫这样一座重要的古建筑,也在广场上开个大洞,加上玻璃屋顶。奥赛博物馆采用原来即为玻璃屋顶的建筑,重修时加强了自然光的效果。可是,虽有这些国际级的例子,但展示设计在基本精神上是不适合使用自然光线的。

自然光线虽然生动，却不易控制。对于需要用稳定的光线来控制气氛的展示来说，自然光效果是负面的。因此，展示设计师通常把有自然光的空间作为展示间隙的休憩活动之用，否则就只好全部封闭，把自然光排除。对于艺术品或文物，自然光是有杀伤力的。尤其对于古代的书画来说，阳光是可怕的杀手，因此完全排除自然光，也就是排除紫外线。与自然隔绝的展示，是完全可以理解、可以接受的。

封闭的展示空间是博物馆空间的特色之一

展示设计的艺术

展示之异于建筑的第五点是无形。展示基本上是一种空间艺术，因为没有外缘的硬壳，所以是没有造型可言的。室内的空间塑造，是空间切割的艺术，与塑造形体的建筑艺术完全不同。上文说到展示艺术与自然光线是隔绝的，这一点说明了展示艺术完全与建筑绝缘。在建筑艺术中，自然光线的力量太强大了，因此自古以来，建筑师就把自然光引到建筑内部，使室内亦有可塑的艺术出现，这就是古罗马万神庙建筑的出现。万神庙在圆形空间的上方开了一个小口，就塑造了动人的建筑虚体。自此而后，室内建筑亦可以有强有力的造型了。在19世纪所建的博物馆建筑中，建筑师很明白光线与造型的奇妙关系，所以时常引进光线，使建筑在展示中居于主导地位。建筑的母题，为古典的柱式，时常成为展示的素材，这都是设法把造型引进室内的努力。可是在精神上，这些建筑的语汇无法达到展示的目标。虽然在美术性的展示上，建筑语汇可能有所帮助，展示设计师不应该也不可能依赖造型达到展示的目的。

万神庙

万神庙来自上方开口的光束

展示缪斯

间接引进自然光的美国得克萨斯州金贝尔艺术博物馆

综上所述,可以下表来表示建筑、室内设计与展示之间的关系。为了方便,我把以上讨论的五个要素改为造型、空间、表现、功能、自然五项。造型指外表美;空间指内部美;表现指自由度;功能指使用机能,包括动线,自然指与自然环境的关系。

	建筑	建筑之自由表现度最少,要合乎力学与美学的原则。重现外在的造型,重视与大环境或自然环境的配合,内部动线与空间是一般作业必须考虑的。
自然／表现／功能／空间／造型		
自然／表现／功能／空间／造型	室内设计	室内设计要尊重力学与美学的原则。最重要的是内在空间之美,自然环境与外观只能通过有限的户外空间接触加以考虑。
自然／表现／功能／空间／造型	展示	展示无须尊重几何原则,其艺术性最高。完全不必考量自然与外形,功能、表现、空间等具有同等的重要性。

展示设计的艺术

展示的个性与民族性

展示是建筑艺术的一种，但其表现的自由度高，是没有具体造型，与自然不相关的空间艺术。由于其艺术性较高，所以展示的艺术个性特别强，而且其民族性也容易显现。艺术必然有个性，艺术表现特别自由的，其个性愈强，在展示艺术上，很少人谈论个性，但艺术家的个性是很明显的。反过来说，凡是一个有为的艺术家，其作品中一定有强烈的个性。因此属于个人的，独特的表现方法是必要的，成熟的展示设计师一定要有自己的风格。

展示设计的过程，看上去似乎是相当理性的作业。实际上，自构想开始的各个步骤，都有设计师的个性在内。由于任何一个展示，其表现的方法都是有多种选择的，所以决定以哪一种方法来表现，与其说是理性的选择，不如说是个性的发挥来得恰当。在看稿的作业中，博物馆的决策者在诸多方案中选择，与其说是选择优劣，不如说这是决策者寻求一个与自己的趣味相投或近似风格的设计师。因此，选择一位设计师并予以尊重，是成功的必要条件。设计师喜欢悬奇的手法，这些构想虽然可以整理成系统，但设计师个人的偏好使他的处理能力比执行合乎他的风格的作品容易成功。

有时候呈现在表现的手段上，有些设计师喜欢用光，所以进入展场会发现各种闪闪的光线，连天花板、地板都不放过。有些设计师喜欢阴暗，有些喜欢光亮；有些设计师喜欢写实的展现，一切造景与造像都要逼真；有些喜欢写意的展现，样样都点到为止，留下很多想象空间。这些不同的手段实在没有优劣上下之别，都可以发展为第一流的展示，其选择实在于决策者明智的判断，如何使展示师发挥得淋漓尽致。有时候则表现在材料与色彩以及局部的细节上。设计者如同戏剧的导演，为控制整体的效果，细节也要顾及。材料的质感、色彩的浓度，是和谐色还是对比色等，都因设计师之异而有所不同。决策者在了解一位设计师的时候，必须多看他的作品，掌握他的风格与习用手法，确定他是否表现了固定的风格。有时候，由于设计者是名家，工作太多，作品每每出之于助手，而助手时常更换，则作品的风格或水平即不稳定。比较大的公司常有此问题存在，有时作品甚佳，有时水平较低。所以决策者要选的是设计者，不是公司。

直接引进光线的美国芝加哥美术馆一隅

法国罗丹美术馆以木质壁面与地板衬托雕塑展品

在我经营中国台湾自然科学博物馆,遇到葛登纳先生的时候,在他的家里与两处重要作品中,感到他的作品风格平和、美观而且有创意。那就是说,他不出怪招,以稳重的古典的环境与美感取胜,没有惊世骇俗的打算,但是在个别展示的设计上以创意为先,绝不抄袭。这种风格比较合乎我的个性,而且我认为比较有长远性与大众性。也就是说,这是结合传统与创新的风格。

在中国台湾自然科学博物馆的生命科学厅中,"色彩世界""数与形"等展示不是葛登纳先生本人的设计,可以看出很大的不同,这两个展厅的风格也颇有不同。虽然是在他的统筹下,还有连贯性,但仍可看出非出于一人之手。在"数与形"展示中,设计师对精致细小的模型特别喜爱,所以这些模型,不论是动植物或人物,都是白色甚精致的制作。在"色彩世界"展示中,设计师喜欢用大量材料拼比的组合。设计师在数处使用许多照片,或许多色面组合在一起。一般人会以为这是"色彩世界"所必需的,其实不然。这个展示的内容并不甚充实,自然界的色彩还有很多内容可以展出,可是设计师在收尾的一个展示中要我们选择对颜色的喜好。

由于展示事业是国际性的,所以经常有国际的展示公司到中国台湾或其他国家从事设计服务。可是我们必须了解,公司的业务经营是国际性的,展示设计的美学却与各民族有关,即使在国际化的包装下,也可以看出各个民族的特有美学。这不是优劣判断的问题,而是思想与审美的传统所形成的差异。以我个人所接触的几个国家的展示设计师来说,确实可以很明显地看出风格的差异。兹分别以日本、英国、美国与法国的风格来说明。

"色彩世界"展示,中国台湾自然科学博物馆生命科学厅   "数与形"展示,中国台湾自然科学博物馆生命科学厅

展示设计的艺术

日本的民族性非常细腻，自古以来，他们是爱好工艺、珍惜传统的国家，因此日本的设计师非常偏爱细致的制作。他们的模型做得非常好，而且很喜欢做模型。一方面，日本是人偶很普遍的国家，各地的人偶均有特色，而且制作精细；另一方面，他们很喜欢做建筑的缩小模型，在博物馆的展示上，用模型展示是他们的习惯。模型引发日本人的情感与想象，不是其他民族所能理解的。日本人的古典剧，如能剧的演员，实际上是一些足尺的模型而已。

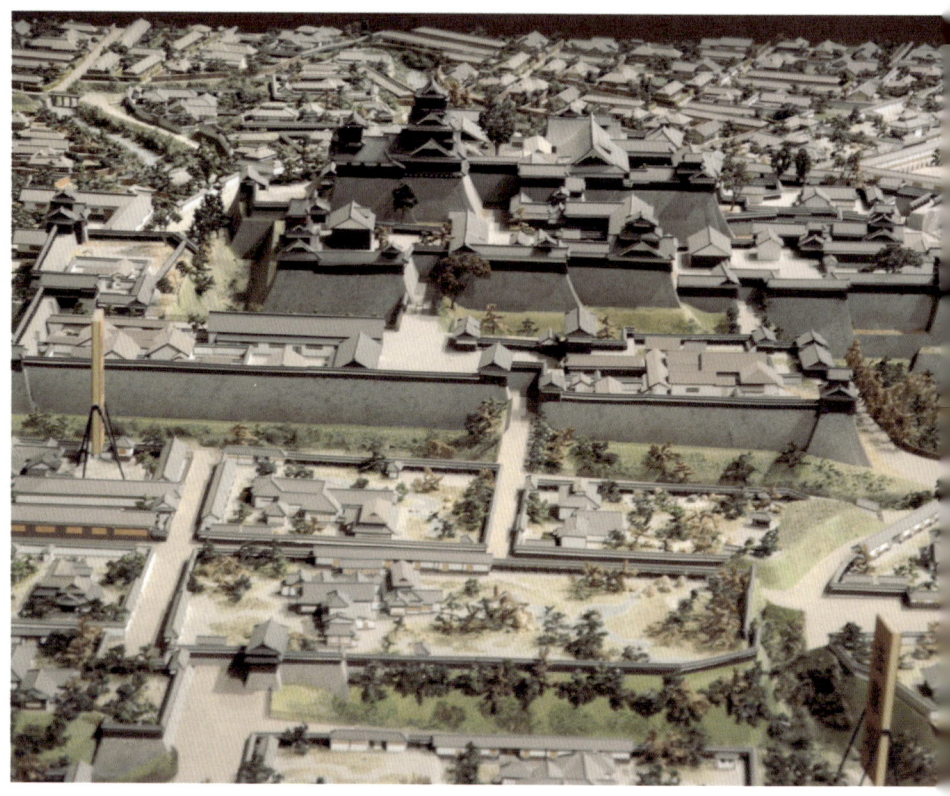

日本博物馆中的建筑缩小模型

日本是一个爱美的民族，爱悲壮的、凄凉的美感。因此日本的设计师都是严肃的，缺乏游戏的心情。在新展示的风潮中，日本人是落后的，因为他们把博物馆与商展划分得太清楚了。在日本人的心目中，博物馆就是美术馆，而美术是静观的，是以美的表现为主要的目的。动态的、游戏性的都是不入流的设计。他们不愿意夸张，以免破坏美术的高贵特质。日本也是一个喜欢抽象思维的民族。这是因为自禅宗在彼邦流行以来，对生活的安顿依靠禅理的成分甚多。对日本人来说，"一粒沙里见世界"是真实的，所以，在平凡的事物中都可能有深奥的哲理，都可能因哲理的体会而有所彻悟，这是喜欢开禅宗思想玩笑的人无法理解的。由于这种民族的背景，表现在展示设计或建筑设计上的，是玄理的基础，他们的构思是自玄理开始的。玄者虚幻也，他们并不重视某一展示之理是否为观众所查知或吸收，他们所重视的是展示的架构有玄理为后盾。这是一种观念主义者的态度，对于重实际的人来说，都是很难理解的。对日本人来说，一切艺术都是观念的艺术，世界上并没有纯粹的视觉艺术。

与日本的民族性相对比，英国和美国是务实的。由于英国中世纪的传统十分深厚，故他们也是很细致的，很手工艺倾向的。但他们毫无疑问是视觉感官主义者，对他们来说，视觉艺术就是反映在视觉感官上的艺术。眼睛所见所感才是重要的，至于后面的哲理也是依据眼之所见来阐释的，并没有什么难以参透的大道理，或有什么更高的秩序。英国和美国是现代工业国家，它们的文化以创新为道德，因此在展示设计上，他们希望推陈出新。越是第一流的展示家，越不愿拾人牙慧。虽然在一般的展示上不能不利用通常的方法，但在关键性的展示上，一定要有所创造，出乎常人之预料。由于此种创新性，又是喜欢科技的民族，英国和美国的第一流艺术家可能从完全不同的角度思考问题，提出全新的构想。掌握了科技是它们的优点，因此它们可以为所欲为，这是日本人望尘莫及的。相对的日本人太小心了，太尊重传统了，太注重集体的认同了。

　　西方的民族喜欢的是逻辑的思考方式，因此思想习惯是线形的。它们的创造常是如何排列这一串珠子，好像是一位注重装饰的妇女藏有多条项链一样，每条有不同的材质与花样，但其本质都是用一条线所穿起来的对象，要他们放弃这种观念是很困难的。英美的现实主义作风，使他们的展示作风向来偏重于写实，也就是希望观众得到真实感。他们重视足尺的表现，即使是模型，也是原寸模型，做得惟妙惟肖，

生态造景展示，中国台湾自然科学博物馆生命科学厅

所以蜡像馆产生在英国。自然史博物馆的生态造景式展示，使用写实画的背景来配合，也是在英国和美国，特别是美国大行其道。生态造景是美国博物馆展示方法上的里程碑，风光了半个世纪，以生动的动物标本配合蜡像技术，以及高度的写实绘画背景，使喜爱大自然风光的观众极为感动。第二次世界大战之后，由于人工昂贵，抽象艺术流行，生态造景开始受到攻击而逐渐改变，最终被抛弃，实为极可惜之事。"生态"在展示上是英国和美国专有的观念。英国和美国民族以戏剧为主要的艺术，因此对舞台效果与情景控制极为熟稔。他们展示的每一部分均有良好的空间与光线方面的控制。一个展示像一个故事或一出戏，在空间中展开，曲折变化，各有不同的氛围；有低潮，有高潮，有起承转合，是有机体。

在西方民族中，属于地中海族群的法国与英国和美国之间就有显著的不同。与英国和美国相比较，法国人是城市的民族，他们是建筑语汇的创造者，因此对建筑艺术非常重视。在展示中，建筑的空间受到最高的尊重，展示似乎与建筑之间有良好的契合关系。对法国人而言，无论何类展示，都不容易使他们破坏建筑原有的空间。这一点，法国与日本的观念较为接近。法国也是一个美术的民族，美术是他们主要的艺术形式，因此美术的呈现方法被推而使用到各种展示上。法国与日本不同的，是他们不喜欢模型，对于缩小的模型完全没有兴趣，对细小的器物与手工艺的兴趣，也大不如日本。他们的重点在绘画与雕塑，这就是法国新博物馆的面貌。奥赛博物馆原来是一座火车站，在改建为美术馆的时候，仍然保持了建筑空间，其他艺术虽然有甚高的价值，但在馆内仍然在建筑空间的支配下，奥赛吸引人之处似乎不在于价值连城的后期印象派绘画。

法国巴黎布朗利河岸博物馆的展示

由火车站改建的法国巴黎奥赛博物馆

法国有一座世界第二古老的自然历史博物馆，其新近改装完成的自然演化馆，完全没有演化的线形思考，没有故事，没有戏剧性，而是一个庞大的建筑空间，在大空间中，一群动物作势欲奔。他们认为这是展示的舞台效果，其实是雕塑效果，因为舞台是有故事的，这里没有故事。这群动物之间没有共同活动的事实，没有生态关联，只是以美的关系被放置在一起而已！这与中国台湾自然科学博物馆"地球上的生物"展厅，非洲造景外面的动物陈列的意思是一致的。

　　位于巴黎的法国历史博物馆规模不小，亦有清楚的历史发展脉络，但其展示完全依赖历代写实的绘画，使人惊讶法国人如此迷恋绘画这种媒体。巴黎人几个世纪以来不断地、忠实地画出巴黎市的细节，把它们排在一起就成为很自然的巴黎发展史的展布了。巴黎有详细的视觉记录，其历史观实在完全不同于中国的历史观，与英国的历史记录方式也大不

法国自然历史博物馆大厅的展示

长尾叶猴的生态造景展示，中国台湾自然科学博物馆地球环境厅

展示设计的艺术

相同，这只要比较伦敦博物馆就可以明白了。法国人不注意展示的情景的控制，而着重于建筑空间中的物体美的安排，在科学城博物馆的展示中也可以观察得到，他们甚至不把各种展示做空间区隔，只注意各种展示在大空间中的秩序。法国实在是一个视觉的民族！法国也是一个重系统的民族，他们是理性哲学的故乡。在法国北部的小镇里，有一座一战历史纪念馆，因为当地是这场战争的战场，这座小型博物馆的展示，完全符合法国的特色，以建筑空间为主，几个展示室均在同一展示系统的统合之下，清晰明了，令人轻易掌握全场。正因为如此，法国的博物馆几乎没有造景，没有令观众陷入特定情景的设计，观众随时保持神志清明，不会因布景而失神。因此在新展示潮流中，法国参与的程度是有限的，他们不喜欢美国式的迪士尼乐园。

法国卡纳瓦雷博物馆

英国伦敦博物馆一隅

法国北部佩罗讷镇一战历史纪念馆的展示

法国北部佩罗讷镇一战历史纪念馆的展示

展示设计的艺术

自以上可知民族的美学是重要的因素。所以展示的美学必须考虑本国的民族性，不能盲目地学习外国，或某一国的喜好。

"生命的起源"展示，中国台湾自然科学博物馆生命科学厅

"中国台湾南岛语族"展示，中国台湾自然科学博物馆人类文化厅

地球科学厅展示之一——河姆渡遗址的村落居民聚落，中国台湾自然科学博物馆

位于阳光走道的古菱齿象复制标本，中国台湾自然科学博物馆

中国台湾自然科学博物馆的阳光走廊

中国台湾自然科学博物馆植物园中的热带雨林温室馆

中国台湾自然科学博物馆热带雨林温室馆

展示设计的艺术

05 展示的美感

一所博物馆，因其性质，其教育的功能大异其趣。如美术馆，其目的在于普及美术教育。但美术的内容并不相同，以中国台湾本地美术为主要展示、收藏为目标的美术馆，它的教育观念就是充实与观众有关的、本地的美术知识，所以其目标是很狭窄的。又如文物博物馆，其教育观念可能涉及工艺史及工艺的推广；至于科学博物馆，其目标在于科学教育更是不待言说。但是，有一些教育目标是所有博物馆都应该肩负起来的，那就是群育与美育。博物馆是公共场所，其存在是为了大众的利益，所以到博物馆，要遵守公共的行为原则，要考虑其他参观者的权益，不为一己之私而危害公共利益。在博物馆里，观众应该自然感到这种公共责任的神圣性。

举例说，现代美术馆的展示常常不用橱柜，而把展品散置，使观众感到亲切，如果观众没有公德心，展品就会被破坏，后来的观众权益就会受到影响，且会影响博物馆的决策，把特别有价值的展品收起来，以模型代替。可是在我个人的经验中，发现一个设计良好的博物馆展示，会对观众自然产生一种公德心的要求，使他们感到为公众保护展示品的责任。中国台湾自然科学博物馆的开放式展示，曾经以观众的破坏为由而设想安全体系，但开放以来，只有在鼓励动手的部分经常有损坏；在只能看不能动的展示中，虽偶有小事件发生，整体说来，观众的行为颇令人满意。观众以科博馆为傲，因此很爱护它的展示。

制纸工坊的展示，中国台湾台北市树火纸博物馆

将展品散置的现代美术馆，洛杉矶布洛德艺术博物馆 (Board Art Museum, Los Angeles)

中国台湾自然科学博物馆开放式的展示

展示的美感 129

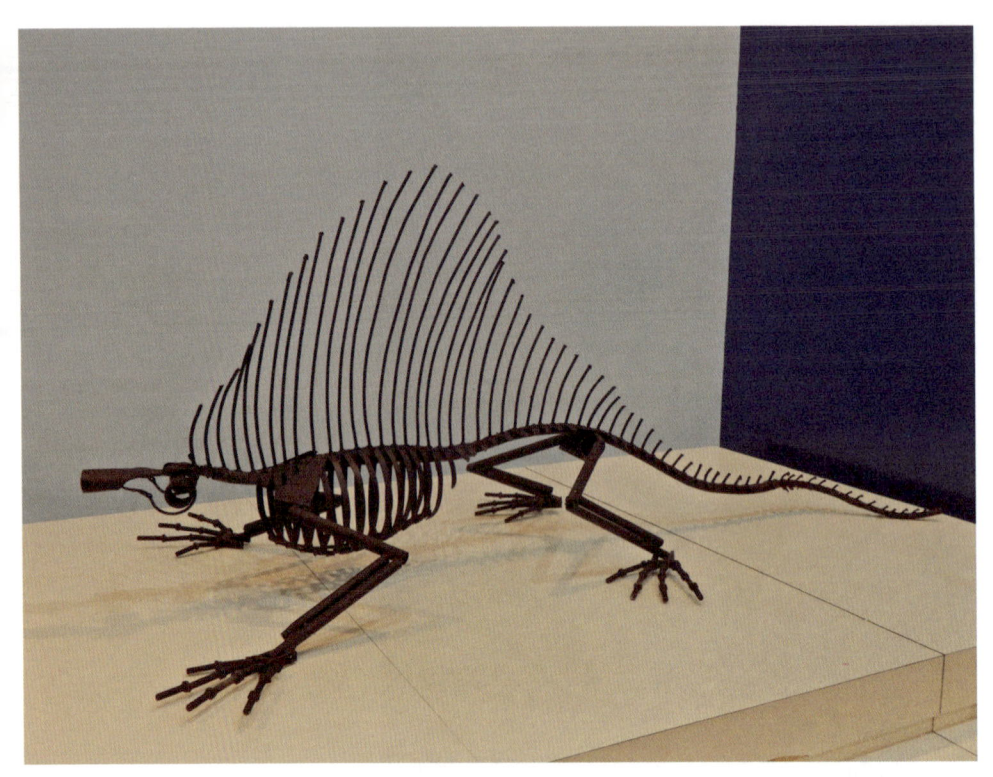

强调美感的中国台湾自然科学博物馆

　　博物馆界有一个无须沟通的观念，就是所有的博物馆都负有美育的责任。也就是说，博物馆不管其性质为何，都应该为观众提供一个具有美感的环境，使他们通过美的潜移默化，改变人们的气质。对于已有高品位的阶层，美的环境则是一种礼貌、一种基本的条件。因此每一座博物馆，不论是何类博物馆，其展场的内外都应尽可能地具备美感。这也就是为什么旧金山探索馆，虽闻名全球，却因完全不考虑展示的美感，没有得到博物馆界应有的尊重。下面就展示本身分析美感。

空间的美感

展示既为内部空间的设计，其外在美已不存在，故其首要的美感为空间的美感。这是建筑美感的一种，即由外壳所包被的空间所予人的美感，如果用通用的语言来说明，可称之为氛围美。空间的美感是以断面的比例为基本架构的，比例是指高度与宽度之比。一个匀称的空间其高度与宽度间应适当，不宜过高，不宜过宽。良好的比例虽不一定非黄金比（1:1.618）不可，在高一宽二之间是比较恰当的，如果太宽，应该隔为两个以上的空间。一般说来，高大过宽的空间，除非是有特别的表现目的，是不太合宜的。展示设计中常把天花板弄黑，以造成高度以壁体为标准的感觉。

将天花板弄黑造成较佳的高宽比例，中国台湾自然科学博物馆

在比例之外是尺度，所谓尺度是指尺寸的大小。相同的比例在外形上看是一样的，但尺度不同，人在其中就有不同的感受。在一个匀称的空间中，人站在宽度四分之三的位置，回头观察壁体，眼睛应能轻松地掌握全部空间。所以一般的空间，以天花板在三四米为宜，如为廊道式展览，其高度可降低，盖宽度越小，越无高度之感受。以上说是十分静态的空间感，听上去像是长方形房间，展示空间虽亦有此类，但现代展示千变万化，实无法以一种形式来束缚。然而如能掌握静态美感的空间比，在此变化中，亦可运用裕如。分析起来，展示空间的变化，不过是各种比例的空间所连接起来而已。

有色彩的展示空间，中国台湾台南市美术馆

中国台湾自然科学博物馆生命科学厅入口的展示

  空间整体的美感并不是只有比例与尺度，色彩的使用，光线的控制，甚至音乐的曲调，都有助于形成某种空间气氛。但是展示空间，尤其是博物馆的展示，不宜有过于幻觉化的空间。强调空间美感的设计，有时亦做成特殊的效果。如中国台湾自然科学博物馆的演化部分，进口处的优美空间，是特别塑造出的洞穴感。此时，天花板与墙壁就融为一体。加上特别设计的光影，其效果甚为动人。在变化多端的展示空间中，美感的产生是多方面的结合，此时最重要的是前景之美。所谓前景，即观众循序参观，向前移动时所见之景象。这与建筑学上的街景非常相近，因此其美感亦可以街景来描述。

  街景之美，一赖宽窄、松紧之变化；二为壁面虚实之对比；三为转折造成之悬疑；四为空间似隔非断的穿透；五为光影、阴暗之变化。其中除了第五项，因展示空间在室内，无阳光可形成光影之外（但可用灯光代替阳光），其他均可使用在展示前景美的设计上。这是高度设计技术的产物，初学者无从掌握，即使是熟手的设计师也不易掌握。由于街景之美是欧洲中世纪城市的特色，体会法国南部及意大利中部小城的街道是学习的重要途径。现代都市设计师为保证设计之效果，使用小型潜望镜的装置，在模型上仿真建成的效果，今天计算机仿真技术成熟后，应该可以有更理想的设计成果了。

意大利中部小镇的街道

中国台湾自然科学博物馆
中国科学厅一隅

  悬疑与变化是中世纪街景的美感，但欧洲文艺复兴后的空间亦有其美感，为一种新古典的美感，是均衡对称的，开朗平和的。这种空间组织原则在展示中较少使用，乃因展示要造成对称效果很不容易。曾讨论美国式的生态造景厅，因其具有对称的可能性，所以大多使用古典建筑的母题来装潢。

  如果以中国台湾自然科学博物馆的展示为例，中国科学厅中的"古代中国人的故事"属于曲折变化型空间，"中国人的心灵"属于古典的对称空间。可见，空间组织的选择是要因主题性质的不同而决定，并没有孰优孰劣的问题，学者宜掌握两者性质的差异，加以灵活运用。比如"穿透"是欧洲街景的重要特色，在中国建筑中，庙宇的大门与牌楼，与住宅中的月门，均是在轴线上的，具有穿透作用的设置。此种效果非常吸引人，值得运用，却很少为展示设计师所认识。由于这些技巧的运用，大多与建筑本身有关，所以具有建筑背景的展示设计师比较容易达到空间美感的要求。但建筑师而未经展示设计训练者，亦有将建筑语汇直接带入展场的习惯，如柱梁、拱门等。这是否为一缺点，尚待讨论，但是建筑进入展场的情形是正面的。在加拿大的文明博物馆中，主要的展场是建筑空间的塑造，因此使其展示特色极为突出。

展示的美感

中国台湾自然科学博物馆中国科学厅中国医药的穿透展示

加拿大文明博物馆展场一隅

展示面的美感

展示与建筑不同,后者的主体为空间,展示的主体为版面。当我们想到展示的时候,就是墙面上的张贴,因此我们可以说,展示的基本单元为版面。展示面的美感,可以称为壁体之美。在建筑中时有建筑物以壁体美为表现特色,中国建筑外围以院墙,所见均为墙壁,故中国建筑之美常常是屋顶与墙壁的对比之美,台南的开基武庙就是最好的例子。

中国台湾台南开基武庙

建筑师密斯·凡·德罗设计的柏林新国家美术馆　　柏林新国家美术馆展览室一隅

　　展示面是一个版面，垂直竖立，上面张贴或悬挂展示物，因此在设计上是最基本的平面设计课题。可以把这个面当作一张纸，尝试安排展示物，得到最佳的效果。美术馆的传统展示就是这种最单纯、最基本的展示。美术馆传统的展示室是四个面的组合，现代化的展示则有独立面出现。把面的美感发挥到极致的，是建筑师密斯·凡·德罗（Mies van der Rohe）先生。他设计的建筑是玻璃与面的组合，因为他不喜欢转角，所以特别强调面的优越性，使建筑物成为开放的、由隔层分开的空间。因此，这样的观念转换到展示的时候，有很强烈的效果。因为自古以来，展示物是附着在建筑壁体上的，自从密斯·凡·德罗的语汇发明之后，展示物就有超乎建筑的独立面出现，而且是这些独立面形成了建筑的空间，柏林新国家美术馆的展示多受此观念的影响。

他的作品中，20世纪20年代的巴塞罗那国际博览会德国馆，是完全为展示而设计的，影响了世界建筑界数十年，有些语汇已经成为世界永久的资产。一张举世闻名的照片上，面都是平滑而有纹理的，大理石是他很喜欢的质感。在他的设计中，长方形的水池也成为一个光滑的面，一尊雕像站在这样的空间里，显得格外突出。他是以简单明了为美学的，因此在展示面上，越单纯，展示就越突出。他设计的展示馆，平面的展示物如绘画、摄影等，最理想的展示方法，就是与展示面同大。也就是把展示物与展示面结合为一体，使展示面消失于无形，其效果非常感人。这种极端现代的展示面，展示大型雕刻与绘画，有惊人的效果，有时很大的空间只能展出少量的作品，是最尊重艺术品的方法，但一般博物馆是无法负担的。

1929年建筑师密斯·凡·德罗设计的巴塞罗那国际博览会德国馆

巴塞罗那国际博览会德国馆馆内的大理石壁面

如果这样的展示面没有大型的绘画，就需要基本的平面设计，就是把一个小的长方形的绘画安排在一个大型展示面上，怎么安排才好的问题。在实际展览中，很少有机会遇到如此唯美的展览，通常是数据很多，必须填充在展示面上，因此多是面对如何安排这些材料，使其不至于紊乱的问题。这种"安排"是平面设计的基本能力，对设计师来说，应该是容易胜任的。如同编画页一样，许多面的组合要考虑每一幅的色彩与浓度造成的量感，有时候也是很麻烦的。展示面有一个好处，就是不必受建筑的限制，因此设计师没有必要为过大的面、过多的展示物烦心。可以把一个面裁成两片，使每面上的数据降低到容易控制秩序的尺寸。因此比较轻便的巡回展，常常采用标准尺寸，每片与门板大小相仿，以便于搬运安装，而其上之展示品均在同一秩序下安排。这样做虽然不能成为伟大的作品，却可达到国际水平以上的视觉效果。

保护标本的展示柜

当然在一般展示中，展示面是不可能完全统一的。有墙面也有板面是最通常的结合，如何使这些面，以及面上的展示物，互相辉映，达到美感的目的，当然是比较困难的技术。在非美术性的展示中，展示面常常要与其他展示要素相结合。其实美

展示的美感

术展示如混合了绘画与雕刻，问题已经很复杂了，在其他展示中常常要结合各种展示物。在昂贵的展示中，为保护标本（或美术品），常常还需要用玻璃保护，因此展示面有时以展示柜的方式出现。展示柜与观众的距离较远，是展示面板与展示台的结合。展示台是置放立体展示物的位置，因此展示柜常常是面与体的组合。

展示体及组合的美感

如果把展示面称为二向度的基本展示单元，那么展示柜里的展示组合则是三向度的基本展示单元。只是展示组合不易简单地描述而已。面是用来展示平面资料，如同绘画。体是指展示立体资料，如同雕塑或器物。组合的意思，是单一展示物的陈列方式，或多种展示物的组合。对立体的展示物来说，陈列方式与组合都是涉于美感的。第一流的展示对展示体的组合多半十分考究。展示体及组合大概可分为以下几类：

一、展示体及其辅助陈列物的组合

最基本的展示当然是单一展示体的陈列。通常在展示中，为了使展示物便于被欣赏，在陈列时会用台或架辅助，这台或架就成为展示中的要素。比如，国人对于重要文物的陈列，通常使用木制的精美台架，以提高其价值感。古文物有时甚为粗糙，与时下之民间粗物无异，但如置于红木座上，其文物之价值即呈现出来，使观众的注意力大幅提高，这是中国古物发展出精美台架工艺的原因。在现代展示中，受西方观念影响，多不置台架，而直接放置在展示柜中。但是为达到理想的效果，不能不使用辅助物，如支撑物等。支撑物

以木制之精美台架提高展品之价值感，清中期白玉锦荔枝，中国台北故宫博物院

的设计，如何衬托展示品，把展示品的特色凸显出来，是简单组合最重要的课题，光线也是很重要的因素。

中国传统的观念是用高贵的台架衬托，现代西方的观念则以使台架不为观众所见为原则，以呈现展品之本然。因此后者就成为现代展示设计的重要原则——衬托物都是展示物的背景。展示师通常喜欢使用不凸显的中性色，如灰色为台座，或用透明的亚克力为支架，以达到作为纯背景的目的。可是即使如此，台座仍然是可见之物，不期然地成为陈列的一部分。因此，就不能不考虑多项展示体互相间的配合。在一般的展示柜中陈列多项展示物时，首先会遇到展示物之间的配合关系。

以中性色彩的台座呈现展品，北宋定窑盘口纸槌瓶与白瓷瓜棱罐，中国台北故宫博物院

用透明的压克力为支架的展示，红山文化晚期带齿动物面纹玉饰，中国台北故宫博物院

文物性质的展示有两种：第一种是分类展示，如陶瓷、玉器等。这一类的展示，展品本身有相当大的同构性，配合关系很单纯。比如中国台北故宫博物院的宋代瓷器展示，甚至把同一时代、同一窑出产的器物陈列在一起，如宋官窑器，或定窑器等。展出物的造型与色泽基本相同，因此在互相配合上，只剩下两个因素的考虑。其一为器形与大小，其二为高低。在此情形下，和谐的美感是不难达成的。即使如此，台座的高低、大小，都是重要的因素。第二种是综合的展示，或者是以时代为主轴的展示，或者是主题性的展示，这类的展示总是把不同的器物放置在一起，达到其独特的展示目的。如果以宋代文物为题的展示，其展示物必然包括了各种器物，即使是陶瓷类，亦可能展出不同窑口出产的器物，而且可能有金属器、漆器等，在一起共同展出。这时候和谐的美感就要一番讲究才能达到了。这类综合性展示最显著的例子，是立体造景，或称生态造景（diorama）。造景的目的是再现某一情景，传达一种特殊的讯息。可是博物馆的造景必然是美的造景，有时候，美的组合比造景的真实性还受重视。这就是法国国家自然历史博物馆中动物标本的展示观。

中国台北故宫博物院的宋代瓷器展示 　　以色列国立博物馆的立体展示

    法国国家自然历史博物馆中的展示已不计较生态的关系，完全考虑动物间美的组合固然是一种极端的例子，即使是英美式的生态造景，同样也是以美为主要考虑。在大型非洲或南美洲的原野造景中，多种动物在一个有限的空间中以生态的关系展现出来，和谐的美感是最重要的因素。美式的生态造景是艺术家合作的结果，每一只动物的姿态要真实，要美观，是标本师的杰作，背景的绘画表现出无限的世界，是图画师的作品，树木等模型是模型师的作品。而这些美的东西又要在造景设计师的统筹下，完成一个美的整体，好像交响乐一样散发出和谐的美感。这可能是最困难的综合性展示。

中国台湾自然科学博物馆生态造景展示

展示的美感

至于一般的综合性展示，其组合的美学是比较抽象的美，台座的大小高低的组合美，台上的不同形状、色彩的器物的协调美，通常也是抽象的。要使组合丰富则必须有色彩、质地、形状的变化，在变化中有统一，在紊乱中有秩序。在柜橱内的多样性展示，要注意其立体性。在单独的立柜中展出几件器物，是一种三度空间的组合设计，安排要生动活泼。

在成排的立柜中也同样要注意其立体性。成排的摆放给人的印象是线形排列，而事实上，柜子有几十种自六十厘米到一米以上的宽度。这样的宽度有足够的空间形成三向度的变化，三向度的设计不只是块体的组合，虽然块体是博物馆最常用的技术。目前，在橱柜的展示中，尚待开发的是多种变化的立体设计，比如，中国台湾自然科学博物馆的认识古玉特展中，使用斜面陈列片状的古玉器就是一种变化，此前少有人使用。这是在有限的面积内展出大量古玉器仍不觉拥挤的有效方法。顺着这样的思路，可以进行其他更有趣味的立体设计，如自后向前斜着的梯阶式及其变样。

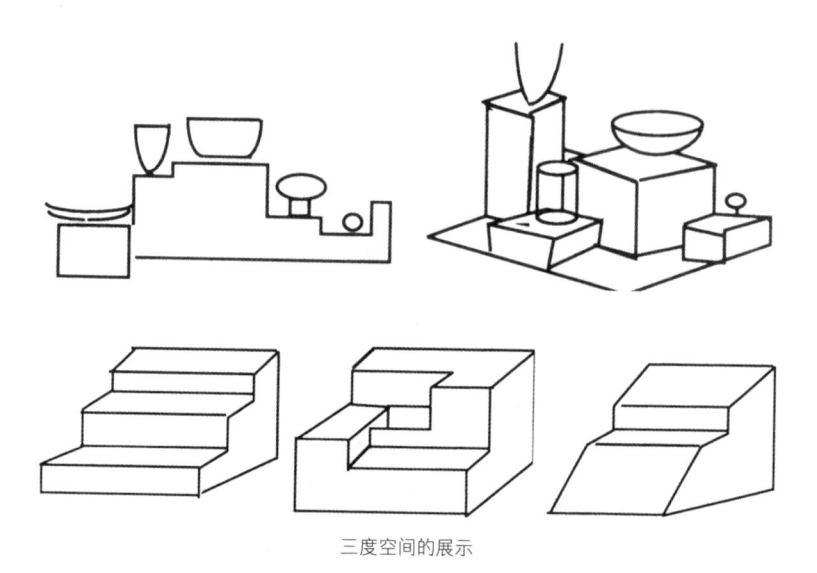

三度空间的展示

事实上，如果展示设计师不厌其烦地制作有变化的台座，则打破块状是理所当然的。

在珠宝店里，为了展示名贵的宝石，会用各种美观的台座来衬托。比如，把方形块体变成椭圆形块体，就会产生明显的变化。

二、展示体与展示面的组合

从美术性展示来看，体与面的组合几乎囊括了一切的可能性。一般来说，绘画是面，雕塑是体，在一个展示空间中，绘画与雕塑的联合展出就是面与体的组合。在前文所提及的密斯·凡·德罗先生的巴塞罗那展示馆里，雕塑就衬在墙壁形成的面与水池形成的面之间。虽然这是很简单的组合，但美术馆中很少使用。美术馆通常喜欢艺术品突出于展示背景之上，因此，不习惯认识艺术品与艺术品之间的相互关系。事实上，艺术品不可能完全与环境分开，如果认为环境不重要，那么展示就不重要了。因此，即使是艺术品，当展示在博物馆中，也不可能做到每室只有一幅画，即使是最名贵的作品也不可能办到。所以，美术馆的展出仍然要考虑到画与画之间的关系，甚至画与雕塑间的关系。如果掌握了展出的

珠宝店中的展示

展示的美感

美术馆中绘画与雕塑的联合展示，巴塞罗那米罗美术馆

巴塞罗那国际博览会德国馆的壁面衬托着雕塑

美感，则绘画与雕塑的联合展出，应该可以收到更愉快的效果。即使没有雕塑品，为了休息用的座椅的造型，也会与绘画之间产生体与面的互动。

体与面的组合使用最多的是人类学或历史类博物馆中说明板与展示物的组合。这类博物馆物的展示最具多样性，而且都需要文字的说明，在橱柜中或开放性展示中同样具有组织各种数据，表达历史关系的必要性。自纯视觉的观点看，历史类或人类学展示可能是最困难的，其原因在此。

三、多种展示体互相间的组合

多样的展示物，又有大量文字的说明或图解，如何使观众轻松又清楚地了解此种文化，或此一历史时代的生活，必须有特别高超的展示技术，因为用展示品来重建一个故事是不容易的。清楚地表达了故事，又很愉快地呈现出来，需要非常高明的设计师才办得到。在本文中讨论了各种展示形态的美感。但是必须指出，最基本的美感，还是来自展示物本身。不论展示的格局如何美观，如果展示物本身不具美感，其效果还是有限的。因此，在选择展示物的时候，选择美的展示物是成功的基本条件。举例说，陶瓷的展示中，如有宋代汝窑或官窑，则是极美之物，展示设计可以它为重心，就会轻易达到展示美的目的。如果并不入眼的一般收藏品，则需要特别设计的包装。这与戏剧或电影中的主角必须找到美女与壮男以加强戏剧效果是一样的。当然，展示物有时是没有选择的。在标本极为稀少的情形下，只有某一标本，而它并不具有美感，是很平常的情形。但这时候，展示设计师要有化腐朽为神奇的能力。比如，一块在铁器产生的时代所铸造的器物，经过长年的锈蚀已不成形。这样一件标本可能是很稀少珍贵的。在展示的时候，即使这样不完整的标本，还是可以选取某一个角度呈现出来，获致一定程度的美感。因此，设计师的巧思与品味是很重要的条件。

图文之美

在展示中，另有一种美感为国人所不留意者——说明文字与图解的美感。说来令人难以相信，国人是最重视文字美的，甚至发展出世界上独一无二的书法艺术，可是用在展示上，却忽视了文字美感的重要性。在早期倡导式的展览中，常常使用传统的书法，写大字报一样逐一用楷书写出来。可是自从传统的书法逐渐式微之后，即使政令倡导的大字报，也只能用"艺术字"来写。但是书写的时代过去了，到今天，大部分的机构还是把海报用书写的方式表现，每个机构都要有一位写得一手好字的人，或者一个会写美术字的美工人员。也许正是因为我们太重视书法艺术的缘故，对于图文展示之美就忽略了。到了我们不太会写毛笔字之后，又在美术字上动脑筋，就漠视了展示之美，笔迹只是其中之一部分而已。

中国台湾一度流行用保利龙板写字或刻字的方式，以强调说明文字，这是一种比较幼稚的文字美的感觉。自从自然科学博物馆第二期开馆以来，编印技术在中国台湾被广泛采用，图文说明的水平显著提高。目前，已经知道图文要直接印在展示板上，因此已经与国际的作业方式完全一致。一般说来，图文之美大概可以分为几项：字体的美、各种字体配合之美、图样之美、图样与字体配合之美、说明板与整体展示环境配合之美。

就这些项目来说，所涵盖的范围几乎是设计的一个领域了。所以这一行在分工非常细密的外国，是一种专业，以下分别就各项简要说明之。

字体之美就是外国人所说的 lettering（印刷体）。中外相同的是都有不同的字体。中国有篆、隶、草、楷、行各体，加上宋代有了印刷术以后所发展出的宋体、明体。现代印刷业发达之后，又演变出黑方体等。在传统的书法中，篆体与草书使用于展示者极少，主要因为字体不易辨认，达不到展示的效果。隶、楷、行可择适当者选用。可是，书法上的字体使用于印刷中缺乏印刷的感觉。所以设计工作者很少选用隶、楷为印刷体，反而较喜使用仿宋体或明体，甚至方体。仿宋体，有长形、方形两种，是横竖比较均匀的字体，每一画的起首与收尾都与楷书相近。宋代开始使用印刷术时，就是把楷书标准化，仿宋不过是使用铜模而更加细致、标准而已。其字体甚为秀丽，与英文中的歌德体相近。

中国台湾嘉义县台北故宫博物院南院的展示说明

展示的美感

日本设计师原研哉为台南美术馆设计的标志

    明体有长形、方形、扁平形之分，其特色是使用木板刻字时，按照木纹的特性而衍生。其横甚细，竖甚粗，是因为横顺木纹，竖逆木纹之故。笔画起、收与转折处也有楷书的味道，所以造型有均衡之美，与英文中的罗马体相近。方体之细者俗称细方体，粗者俗称黑体。这种字体并非出自中国传统，所以看上去略显呆板，但作为辅助性的字体则非常有用，尤其在小标题上，或要读者特别注意的字句上使用，能凸显而不失和谐。重黑体则多用于大标题。

    字体本身有其特点，但同一字体亦有美丑之分。这就是印刷厂要注意选择铜模的缘故。要知道，印刷体是来自书体，铜模是由人书写后制成，所以字写得不好，是做不出好的字模的。同样是明体字，在视觉美上有高下之分。一般书法的美丑大家很熟悉，印刷体的美丑可以自美术字的原则来批判。美的字体是顺眼的字体，使观众看起来很舒服。但要做到这一点，需要有高度修养的设计师不时修正才成。要做到"减一分太瘦，增一分太肥"的最理想的标准是很不容易的。

在一个展示说明板上不可能使用一种字体。通常要选择一种标准字体，即大多数文字，也就是正文的字体。有了这个字体后，必然尚有其他文字，如大标题、副题、注释、引文等不一而足。虽然展示的说明文不可能很长，也许没有太多辅助性文字，但两三种仍然是可能的。这时候，就要考虑各种字体间的配合。前文说过，最基本的字体配合就是标题与正文。可以用同一种字体，只变化其大小，这样可以达到统一与和谐的效果，但不免呆板而缺少变化。所以寻找不同的字体，而有统一效果的标题字是很基本的。如果正文中夹有引文，情形就复杂了。引文也可以用正文同样的字体，达到统一的效果，但也缺乏变化，同时不易辨别正文与引文，这时候正文与引文之间如何以字体配合就很重要了。

　　有时候用完全不相类的字体，也就是使用对比法来达到统一的目的，这是很不容易成功的策略，有时候不得不变化其色彩，来达到对比的效果。比如，使用宋体字的正文，用隶书或行书的标题，因完全缺乏一致性，可以换用不同的颜色。隶书的笔画很重，也可以用灰色，以减轻其分量。总之，这是很有趣却很困难的一个特殊的设计领域，最好经过专家的手来完成。

　　在博物馆展示板上，常有图样与文字同时出现。图样在现代展示中占有很重要的地位，与文字同样重要。图样有地图，以说明位置，年代表以说明时间，解析图以说明构造，古图样以比较古今等。在现代展示中，还会使用大量的照片，以弥补实物的不足。这些图样可以使文字说明更为生动，使不易了解的观念变得很容易了解。以观众的习惯来说，阅读文字是他们最不喜欢的。如有图样，通常他们会先看图样；

如果有图样而不易懂，他们更没有兴趣了。所以，说明牌如果可以用图样来解释，就用图样，一旦用图样就要清晰易明，而图样本身要有美感。图样的美不容易用文字说明白，不外乎美的几个基本原则。匀称是很重要的，线条的美感是很重要的。由于图表大多为线条组成，线条的粗细轻重要与文字配合。为了美感，现代展示中的编印展示说明，可以把图文分开处理。比如展示板的底色是浅蓝色，文字可以用黑色压在浅蓝色上，图解可以用反白，在蓝色上用白线表示。这样可以产生空间的感觉，创造生动的印象。当然，最重要的，还是图样本身的美感。如果图样本身很松散，就要用印刷的技术去弥补了。

中国台湾自然科学博物馆的展示说明之一

中国台湾自然科学博物馆的展示说明之二 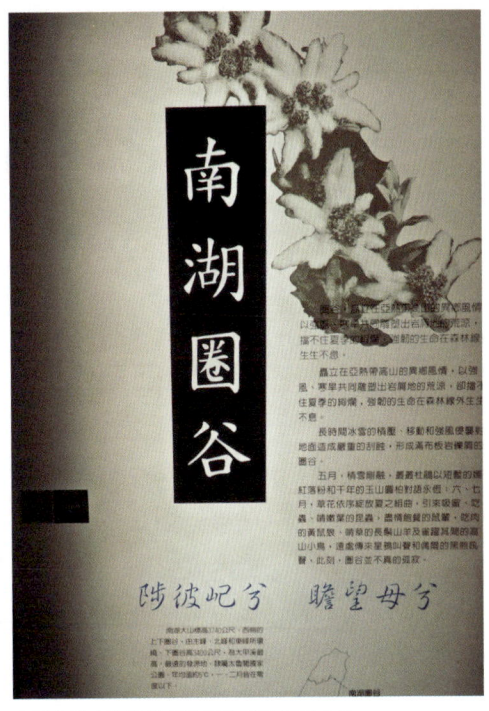　　　　　中国台湾自然科学博物馆的展示说明之三

中国台湾自然科学博物馆的展示说明之四

有些图好看而不易懂，如机械图，病在复杂。有些图易懂而不好看，如地理、历史图表，病在单纯。懂得制图者要在好看而易懂上努力。照片是广泛使用的材料，由于照片通常有一灰色的底子，所以使用照片时可以去底，使照片中的主体得以凸显。但内容复杂的照片不易去底，就只有使用照片的原样。未经去底的照片是一个面，用在展示说明上，与文字形成面与面的组合。

06 展示作业的程序——设计

展示的前期作业

　　展示作业的开始，一般来说，是自实际展示的设计开始计算，但是那是展示设计师的观点。自中国台湾博物馆管理者的观点看，展示设计的启动已经完成了作业的一半。很多更重要的步骤，是在设计作业之前的，我称之为前期作业，实际上是展示设计成功的基础，不能等闲视之。建构新的展示是博物馆的经常业务，有历史的博物馆必须用更新展出的方式，吸引新的观众，留住老的观众。新的博物馆则应利用崭新的展示来开辟观众群，在博物馆领域里争取一席之地。不论是新的或老的博物馆，展示的前期作业大多有如右图所示的几个步骤。

　　展示动机是一个展示产生的最早的因子。这个动机可以有很多来源。在成熟的博物馆里，大多是来自研究人员的发现。研究工作中有些很值得表达给观众的收获，或者是有价值的搜集品，或者是重要的学理发现。在研究收藏工作十分活跃的博物馆里，这种展示的动机是时常出现的，只是大多研究所得不够成熟，因而"胎死腹中"而已。研究所得而产生的动机，常常是"特别展示"的缘起。中国台湾自然科学博物馆的"古玉特展"是吴棠海先生在研究中产生的，"真菌特展"是研究员王也珍博士在研究中产生的。吴先生不是馆里的研究人员，可知"特展"的动机也可以来自馆外人员的研究。科博馆的"寒

```
                    ┌─────────┐
                    │ 展示动机 │
                    └────┬────┘
                         ↓
                 ┌──────────────┐
                 │ 计划之初步草案 │
                 └───┬────┬────┬─┘
           ┌─────────┘    │    └─────────┐
           ↓              ↓              ↓
    ┌──────────┐   ┌──────────┐   ┌──────────┐
    │说服董监事或│   │建立馆内之 │   │说服上级  │
    │指导委员会 │   │共识       │   │单位      │
    └─────┬────┘   └─────┬────┘   └─────┬────┘
          └──────────────┼──────────────┘
                         ↓
                 ┌──────────────┐
                 │  目标之确定   │
                 └──────┬───────┘
        ┌────────┬──────┴──────┬────────┐
        ↓        ↓             ↓        ↓
   ┌────────┐┌────────┐  ┌────────┐┌────────┐
   │执行者之 ││经费之  │  │时间表之││展示内容│
   │选定    ││来源    │  │拟定    ││要点    │
   └────┬───┘└────┬───┘  └────┬───┘└────┬───┘
        ↓        ↓             ↓        ↓
   ┌────────┐┌────────┐  ┌────────┐┌────────┐
   │执行小组││经费之  │  │时间表之││标本之  │
   │成立    ││数目    │  │确定    ││取得    │
   └────┬───┘└────┬───┘  └────┬───┘└────┬───┘
        └─────────┴──────┬────┴─────────┘
                         ↓
                   ┌──────────┐
                   │ 展示设计 │
                   └──────────┘
```

展示的前期作业

展示作业的程序——设计

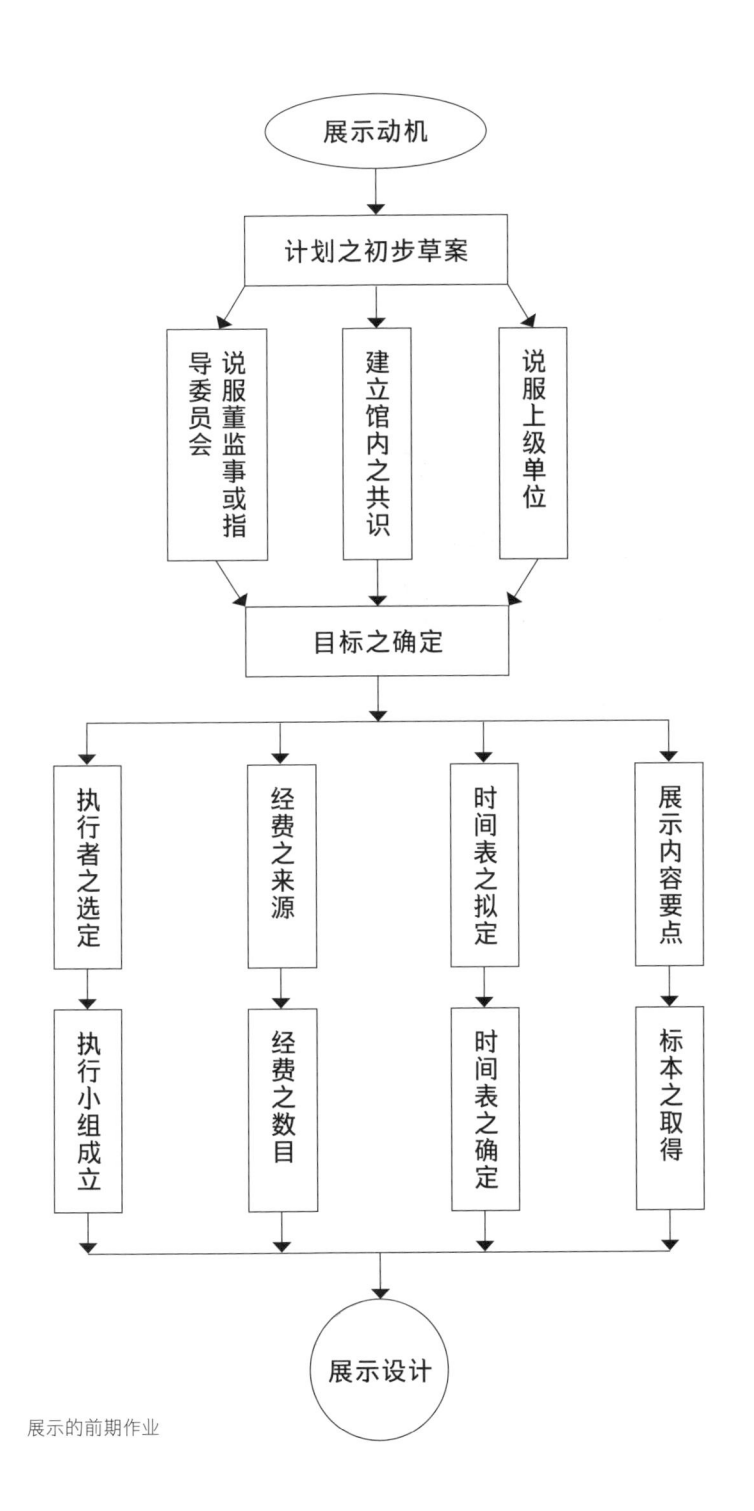

武纪大爆炸"就是自大陆科学家研究的结果中产生的特展。

文物类博物馆的展示动机则多由重要友馆或收藏家的藏品，引起研究员的注意而产生的。比如中国台北故宫博物院所办的"古玉特展"，纯粹由民间收藏家的重要藏品中选取特别精彩的玉器而展出的，以友馆之藏品为特展之例子非常多，科博馆的"中国古青铜特展"，是借上海博物馆的青铜器展出。中国台湾历史博物馆的《黄金印象》是借法国巴黎奥赛博物馆的藏品展出等，都是很好的例子。

《黄金印象》，法国巴黎奥赛美术馆名作特展海报

在现代社会中，新鲜的展示成为博物馆的卖点，因此有些博物馆不免为展示的更新而更新，不断地思考新的可以吸引观众的新展示主题。如同商业社会中以致富为基本动机，所从事的商业活动均以此为出发点，一切不过是致富的手段而已。在此情形中，展示就成为达到吸引观众之目的的新点子了！

在新建的博物馆中，展示是必要的，因此虽无有力的动机，仍必须完成。此时展示的主题多先有设定的范围，是整体博物馆规划中的次计划。有了动机之后，就想付诸实施。要使它成为事实，必须突破很多限制，得到各方面的支持。为了便于沟通，一般来说，必须在很短的时间内完成展示计划的初步草案，使它变成一个具体的案子。没有能力把动机变成计划的人，只是空想者。

这个初步草案当然是越详尽越好。虽说是"初步"，亦应有完整性、可读性。只是不能太长，应考虑在十分钟内可完全掌握其内容。清晰易懂，重点明显便于掌握，成功的概率较大。草案的内容包括以下几个方面。

a. 展示的命题：此一命题要有吸引力。

b. 展示的价值：说明其重要性，以及对社会大众可能产生的影响力。

c. 展示的主要内容：扼要说明展示的故事，及其吸引人之处，要条理分明。

"你！体验"展（You！Experience），美国芝加哥科学与工业博物馆

"敲复古——皮萨诺的天堂与地狱"展，中国台湾台北北师美术馆

展示作业的程序——设计　　　　　　　　　　　　　　　159

d.展示需要的经费：尽量切合实际提一个数目，以便决策者可以衡量可行性。

　　e.展示所需的时间：要多少时间去设计与制作，要在何时展出，展出多久。

　　f.展示的人力组合：尽量提出名单，以证明此工作有适当的人员负责。

　　g.展示的配合作业：指出展示作业中相关业务，如简介目录编写与印制等。

　　有了这样的草案，表示提案人已有了成熟的思考，比较容易得到正面的支持。通常这个草案先要得到馆长与馆内主要成员的支持。为了过这一关，可能要做一些修改，以得到馆内的共识。

　　如果要申请项目经费，此计划要向董事会报告，或向上级申请，或向董事会要求补助。在国外，一个重大的展示案通过董事会后，要经过一段漫长的捐款期，有时长达数年。向上级政府或相关部门等申请，至少要准备一年以上的时间。为了等待经费，有时展示计划不得不因时间之变更而作部分更动。但是此段时间主要在于争取各方面的支持，并且使目标更加明确。比如，展示的主要对象与年龄层可以于此时确定，目标明确化可以凝聚共识与力量，为下一步工作做准备。目标明确化后可以标语化、口语化，有助于从事倡导或募款。

　　此时可以由临时编组的人员分别完成三项重要工作。第一次工作就是对预算的筹划。在省内，公立的机构经费通常来自地方政府的预算，所以几乎没有这方面的困难。未来的展示作业很可能走上外国博物馆的方式，那就必须知道怎样筹到经费。经费的来源可能一部分是馆内可用的资源，可能是馆外的基金会。怎样取得，以及衡量取得的可能性，馆方人员如何与该基金会取得谅解等，都是最重要的工作。

不但要筹划，而且要有行动。经费来源经确定后，要以各种方式取得这笔经费。有时候，某些来源有取得的困难，要立即转变方向，争取其他来源的支持。所以，机动的作业方式是很基本的条件。外国的博物馆中多设有发展部门，由副馆长级的人员担任。中国台湾公立博物馆一般尚无此种单位的设置。中国台湾自然科学博物馆体会到未来的趋势，乃设立"业务发展委员会"，推动类似的工作，以免体制内的公务作业影响到发展工作。运作以来，确有很多方便之处。

有关"二二八"的展示，中国台湾台北二二八纪念馆

第二项工作就是展示作业时间表的拟订。展示，尤其是感受到社会舆论压力的展示，时间的因素有时重于一切。博物馆的展示有相当比例是因某一事件而制作的。比如"二二八"有关的展示，自然要于2月28日开幕，否则其意义尽失。非常重大的展示计划，如科学工艺博物馆，其规划的时间并不长，然而要求早日开馆的社会舆论压力甚大，规划工作者未能重视，即造成对该馆形象的沉重打击。

展示作业必须有充足的时间，但也必须考虑时机的重要性。开幕的时间安排在暑假，当然最为理想，至少也要安排在寒假或春假。这当然是以一般的观众休闲时间为考虑所推断的，所以对一般性的展览，这一点是重要的。但对有特殊意义的展览，是不能一概而论的。这个时间表经过再三斟酌，经确定后就是整个作业的重要标杆。千万不能有随时变化的时间表，否则整个团队的干劲就失掉了。非到万不得已，完成的日期是不能改变的，中间的过程当然可以随机而略微调整。

另一项工作是对展示内容的最后审定。经过长期的讨论后，展示内容随着目标的确定必须加以调整、定案，以便展示设计时间可以顺利进行。在展示内容中必须把可能用到的标本予以详细说明。标本的来源、标本的尺寸、附带的性质，均列册说明，并附照片。这些标本如来自馆藏，要标出收藏号码，如果不在馆藏，要如何取得，亦应说明。

一般来说，外借的标本要在这一阶段完成借用手续，并取得照片及相关数据。如果可能，此时应把所借标本运送到馆，便于设计师作进一步研究。如果不能提前借到，应可依原尺寸放大照片，使设计师得到该标本的正确印象，中国台湾自然科学博物馆借展上海青铜器就是用这个方法来进行设计的。在这种情形下，设计师最好能去原藏馆亲自观察标本。美国纽约大都会博物馆的"中华瑰宝"展[1]，就是由研究人员来中国台北故宫博物院详细查看，量度原作后，再依照片去设计展场，对于有经验的设计师，这样做是可以的。

最后一项工作是选定执行者，也就是展示的主导人，外国人称为Project Manager。这个人的条件将再予详述，在这里要讨论的是执行小组之成立。在博物馆作业中，大多希望有一个专业的顾问小组，帮助执行人进行决策。这是很有

中华瑰宝展，美国纽约大都会博物馆

中华瑰宝展,美国纽约大都会博物馆

问题的。这样的顾问小组如果是由馆内外的专业人员组成,大体上可以发挥建言的作用,如果是由大学教授担任,问题就很大了。

博物馆本身是一种专业,展示可以与学术相关,但并不是学术,更不是教科书。大学教授在自己的专业知识上是权威,但展示是大众教育,展示内容不能以大学教学内容来衡量。这种教科书的观念,常常是中国台湾博物馆的展示缺乏活力与吸引力的原因。因此,博物馆展示需要的是一群专家,帮忙在展示设计中检视有无学术上的错误,尤其是在文字说明板上,有没有误导观念的可能。

至于展示的方法与内容纲要，并不十分需要专家的指导，这部分是属于设计的范畴。因此在执行者下面设立一个包括各种专长人士的执行小组是很必要的。这个小组中应该有馆内的专家、计算机专家、博物馆教育人员，甚至可以有设计师、艺术家参与。这些人可以由馆内人员兼职，亦可以请馆外人士协助。这样的小组将经常参与设计过程的讨论，听取简报，提供正面的建议，对美学的效果、教育的有效性提出批评，也可以有所建言。这个小组甚至可以对营造单位的专业人士提出意见。如承包商所请，或设计单位指定的制作标本的专家，其制作能力是否合乎标准，小组成员的意见有决定性的影响。展示中如有多媒体或计算机节目，亦必须通过小组成员的评鉴。如果负责执行人并无展示设计之背景时，这个小组则特别重要，即使有此背景，该小组亦可做有力之补充，故展示的成败与此执行小组是否有实力大有关系。

设计作业

在展示作业中，设计是最重要的一步，也是最困难的一步。不论是设计师，或设计作业的行政人员，都应该熟知设计过程中的一切关键性的要点。

由于展示对博物馆的表现最为重要，所以重要的展示作业大多由馆长亲自督导。非常大型的博物馆，或次要的展示，才由馆长指派研究人员担任。通常这个负责人也应该是一级主管，甚至是副馆长。展示是一种综合性的作业，涉及馆内各个单位，所以负责主导的人员，层级越高越好。整个作业程序归纳整理如下图所示，再分别予以详细说明。

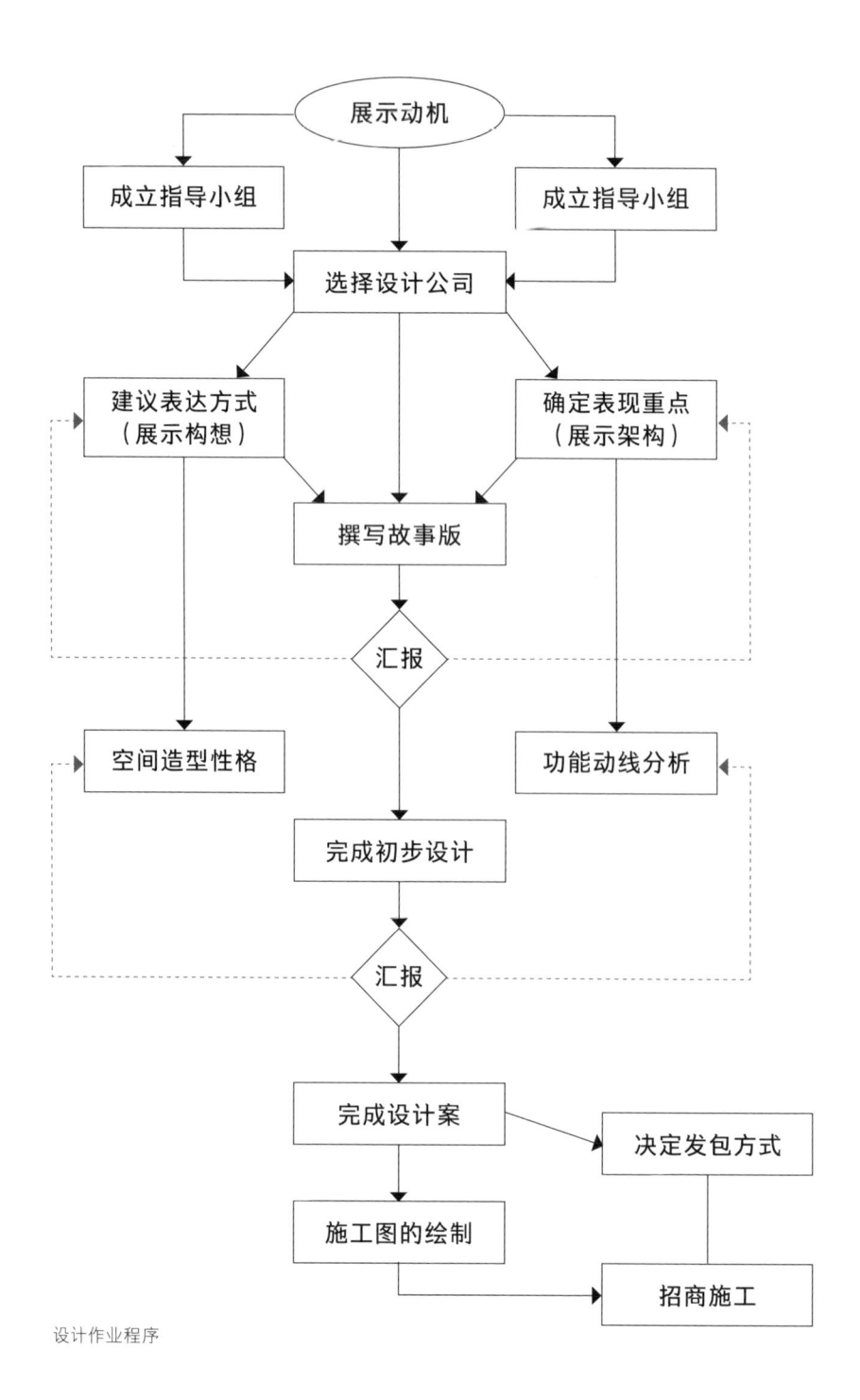

```
                    ┌─────────────┐
                    │  展示动机   │
                    └──────┬──────┘
        ┌──────────────────┼──────────────────┐
        ▼                  ▼                  ▼
  ┌──────────┐                          ┌──────────┐
  │成立指导小组│                        │成立指导小组│
  └─────┬────┘                          └─────┬────┘
        └──────────────┬──────────────────────┘
                       ▼
                ┌─────────────┐
                │ 选择设计公司 │
                └──────┬──────┘
        ┌──────────────┼──────────────┐
        ▼                             ▼
  ┌──────────┐                  ┌──────────┐
  │建议表达方式│                │确定表现重点│
  │(展示构想) │                │(展示架构) │
  └─────┬────┘                  └─────┬────┘
        └──────────────┬──────────────┘
                       ▼
                ┌─────────────┐
                │  撰写故事版  │
                └──────┬──────┘
                       ▼
                    ◇汇报◇
                       ▼
  ┌──────────┐                  ┌──────────┐
  │空间造型性格│                │功能动线分析│
  └──────────┘                  └──────────┘
                       ▼
                ┌─────────────┐
                │  完成初步设计 │
                └──────┬──────┘
                       ▼
                    ◇汇报◇
                       ▼
                ┌─────────────┐         ┌──────────┐
                │  完成设计案  ├────────►│决定发包方式│
                └──────┬──────┘         └─────┬────┘
                       ▼                      │
                ┌─────────────┐               │
                │ 施工图的绘制 ├──────────────►│
                └─────────────┘         ┌─────▼────┐
                                        │ 招商施工 │
                                        └──────────┘
```

设计作业程序

一、展示动机

　　设计作业要自"展示规划书"开始。这个计划书是前期作业的结论，经过多次修正所决定的。里面有展示希望达成的目标，有展示的内容纲要，有时间的限制，有预算数目。有了计划书作为标准，后面的工作就有依据。作业的开始是指定一个主导人员，这个主导人员的层级越高越好。可是，设计的作业牵连很多审美的与设计专业的决策，主导人虽然不一定完全了解，至少不能毫无判断力。所以，从理论上来说，这个主导人，也就是业务的决策者，最好是有设计背景的展示组主管。在很多传统美国形式的博物馆中，并没有展示组，而且设计单位的地位很低，通常是由该展示的最相近学域的主任担任，比如该展示与昆虫学最近，就以昆虫学主任为主持人，与书画最近，就以书画主任为主持人。这是假定这些主任除了其专家身份，也是博物馆学者。在美国，这类全能的人才比较多，而且他们不会自做主张，但是在中国台湾，情形就不很乐观。

　　中国台湾这几年来，建造了很多博物馆，但水平参差不齐，有些博物馆下定决心，要不计成本，设计出第一流的展示，最后的结果却未必尽如人意，其原因就是展示作业的主持人没有足够的背景。主导者等于领航者，要指示方向，要在重要的关头做下关键性的决定。老实说，成败都是主导者的判断。这样重要的角色实在是很难求的人才。中国台湾在教育偏颇的情形下，此种人才尤其是凤毛麟角，这就是为什么中国台湾的博物馆展示会面临窘境。

　　总之，主导者是有综合能力、有眼光，可以接受创意，而且是有美感修为的人，是乐团指挥一样的艺术家。没有这样的领导人，即使偶尔出现佳作，也是运气得来，不足为法。为了集思广益，为了使工作的成果更有保障，在此主导者之外，可以另组织指导委员会，作为此展示设计的督导组织。这个委员会不必时常开会，但在选择设计公司及其他重要行政决策上，必须经过委员会的同意。这个委员会除了展示上特别需要的专家外，大多是馆内的行政主管，召集人至少应该是副馆长。此委员会可以容纳对此展示特别有兴趣，或者捐助经费的人，使他们了解展示业务的进行情况。指导委员会最主要的工作是协助执行人遴聘展示设计公司，这一步骤在整个设计程序上是最重要的，展示的成败系于此决定是否明智。

二、选择设计公司

遴选设计公司大约有下列几种方式，一种是公开比图。如同建筑竞赛图，一般行政人员比较倾向于公开登报，以比图的方式征求设计师。可是，展示设计不同于建筑师在于建筑师有执照，是经过国家考试授证的人员。理论上说，凡是职业建筑师至少有执业之资格。可是，展示设计师并没有执照，公开比图，何种公司可以参加，他们得到设计权后有没有能力完成设计作业，是没有基本保证的。近来大家了解比图可用计划书取代，比较容易看出实际作业能力。如果一定要公开比图，则必须定出参加比图的资格，比如，要有设计过正式博物馆展示的经验等。以中国台湾目前的情形看，即使公开比图，若限制资格，就必须是国际性的比图，因为中国台湾有博物馆设计经验的公司很少。

除公开比图之外，主事者多希望能指定比图，亦即指定几家信用良好的设计公司，让他们在同样的基础上比设计

中国台湾史前文化博物馆

图。这样比公开比图好些，因为参加的公司至少都经过评鉴，都有设计的能力。中国台湾海洋生物博物馆与中国台湾史前文化博物馆都是这样做的。可是，问题在于谁提供这几家设计公司的名字？有两个办法：一是由对设计能力有判断力的专业人员按照取得的名单——拜访面谈，了解他们设计的经验与成绩，然后推荐几位比较理想的设计师比赛；另一个办法是请重要的博物馆的馆长推荐设计师。这当然需要热心的而有经验，且有成绩的馆长。在外国，这个办法十分可行，可是外国人通常不比图。在中国台湾，如果举办国际性比图，也许可行，但省内没有什么有经验的馆长，此法就行不通了。

选择设计师的最后一个方法就是直接指定。这需要对设计师有深切的了解。不能靠介绍信，也不能接受外在的压力，任意指定。要了解一个展示的成败，就要看设计师的能力。对于很有选择能力的执行人来说，直接聘请是最理想的办法。可惜在中国台湾，政府不同意这样做。如果已有良好合作经验的设计师，则直接指定尤其适当，因为可以保证合作的成功。对不熟悉的设计公司，有很多陷阱，很难保证合意，有时成败完全要靠运气了。

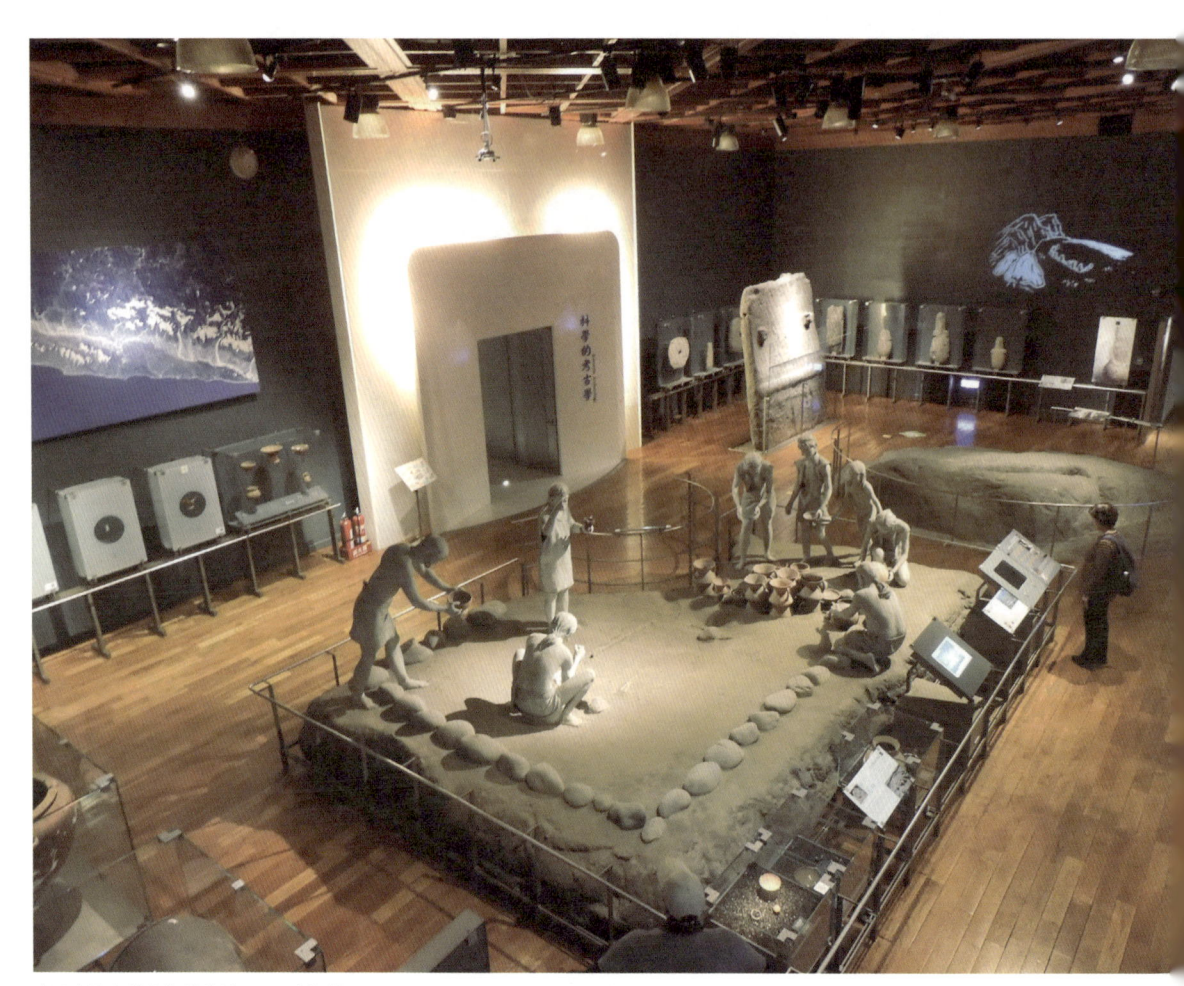

中国台湾史前文化博物馆展示，由纽约 Ralph Appelbaum Associates 公司设计

中国台湾世界宗教博物馆展示，由纽约 Ralph Appelbaum Associates 公司设计

同样是有名的公司，设计师主持的公司比规模庞大的公司要靠得住。理由是，展示设计是一种艺术，艺术要有一个有创意的创造者，创造者就是那位设计师。大规模的公司比较容易生产有系统的图样，但谁是这位创造者却很不易掌握。

一般说来，在西方国家，有展示设计师，也有大公司，他们各有专业。前者是为强调艺术质量的博物馆工作，有时个性突出，不容易控制，但作品通常有特色。聘用这种人要注意他的才气。看他的谈吐、他的办公室、他的素描，甚至他的秘书，比起设计师的展示作品也许更重要。同时要注意，展示是艺术，也是有系统的工程，设计师必须兼有理性的头脑。

意大利都灵拉瓦扎博物馆(Lavazza Museum,Turin)展示，由纽约 Ralph Appelbaum Associates 公司设计

　　大公司就不同了，他们重视的是集体活动。对于大规模，一般质量，无须独特个性的作品比较专长。所以大型商展，或百货店的展示是他们拿手的。他们特别喜欢完整的服务，即自规划到施工完成，一气呵成。这种公司，个人天才是显现不出来的。中小型的博物馆展示最理想的方式，当然是直接委托给一个很强的设计师，他可以弥补很多缺点，特别是在想象力方面。可是，如何找到那位最适当的设计师，就要看主办人的智慧了。

三、撰写故事

　　有了设计师，下一步是撰写故事板（Story Board）。一位有创意的设计师，在得到这个工作后，会认真详细地阅读馆里制订的规划书。设计师要先把规划书的内容消化，再与主持人长谈，与馆内专家讨论，然后去广泛地阅读参考数据。阅读数据的多少，与设计师对此主题的认识深度有关。

完全不熟悉的课题，可能要读很多书。读书不是为研究学问，因此读的是百科全书与国家地理杂志层次的书籍，是为外行人写的书。越是内容简略、概念完整的著作，越有用。其目的是在最短的时间内，掌握住全面，而能在表现上有所创发。不到产生灵感的程度，是不能开始写故事板（也就是剧本）的。

在写故事板之前先要有两个东西，一是展示构想，一是展示结构，以下试详述之。

1. 展示构想（Concept）

这是在对展示内容完全消化后，由灵感浮升出的观念。因为同样的内容，可以创造出完全不同的面貌，所以展示才是艺术。构想就是表现方法的依据。要产生一个有力的构想，必须结合创造故事的能力，与三度空间的想象力，把未来的情态与观众的可能反应综合起来。有了构想，就可以对未来的展示浮现出概念，并加以清楚的解说。举例说，中国台湾自然科学博物馆的"中国人的心灵"展示，在设计的阶段，当思考成熟的时候，构想落实在以下的概念上："中国人的心灵"将总结在宗教建筑上，展示的中心位置是一座小庙。这座小庙将成为展示的焦点，这样的构想使我们立刻感受到"中国人的心灵"这样一个原本很空冷的名称，可以落实到观众会感到亲切的庙宇上，是很明智的构想。

展示构想由设计师向馆方执行小组提出，要经过讨论后才能定案。一旦决定即成为设计的基本原则。以后非绝对必要，不宜更改。由于展示构想与空间之利用有关，所以，一种基本的空间格局就已决定。

"中国人的心灵"展厅中的万福宫，中国台湾自然科学博物馆

2. 展示结构（Structure）

除了整体的构想外，设计师也应该同时把展示的重点提出并予以架构，成为一个空间系统。由于展示内容非常庞杂，找出重点，就是把整个展示的纲领找出来，用展示的观念加以布置，如同围棋的布局一样。

同样的内容，在不同的设计师眼中，可以看到不同的格局，表达出不同的感受。对于中国台湾自然科学博物馆的展示来说，不同的格局也可以表达出不同的科学家的看法。科学馆顾问特别重视的观点可以转变为设计师的架构。科学地展示主题，科学家的主导有决定性的影响，与艺术或历史性展示有相当大的差别。比如中国台湾自然科学博物馆的生命科学厅，最重要的展示是生命演化的故事。这个故事由顾问委员会的专家们拟定为三个单元。分别是"生命的起源""恐龙的世界""人类的演化"。这样的故事架构到了设计师加德纳手里，他觉得尚不足以把演化的故事说明清楚。他建议了一个更详细的架构。顾问委员会的看法并没有错，在生命演化的几亿年间，我们最感兴趣的确实是这三个题目。可是，加德纳在与英国的演化专家讨论之后，觉得自演化的过程来说，三个主题没有必然的连续性，丧失了演化的精神。对于"演化"这个观念来说，没有清楚地表达。同时，加德纳认为，在演化的展示中，没有提到植物与动物，而且把其他自然史博物馆中最重要的动、植物完全弃而不展，不是很理想的办法。

他的另一个观点，是自展示的观众反应着想。

生命科学厅中的生命的起源，中国台湾自然科学博物馆

生命科学厅中的恐龙的世界，中国台湾自然科学博物馆

生命科学厅中的人类的演化，中国台湾自然科学博物馆

展示作业的程序——设计

生命科学厅中的哺乳类的演化与适应，中国台湾自然科学博物馆 　　生命科学厅中的恐龙馆，中国台湾自然科学博物馆

生命科学厅中的灭绝，中国台湾自然科学博物馆

演化对大部分观众而言，是很深奥的学问，不容易掌握。展示设计师必须了解观众的心理，使人们在很短的时间内掌握到重点，也能被展示所吸引，长时间不忘，有下次重游的期待。展示设计师有责任建立这样一个多重的架构，使观众的兴趣历久不衰。因此，展示设计师加德纳把演化的展示分为八个段落，仍然保有原来的三大主题，只是在中间夹进了必要的过渡性展示，使整个演化成为一个完整的故事。[2] 更重要的是，加德纳把观众注目的焦点确定出来了。

有了主要的构想与展示架构，就可以写故事板了。故事板就是故事表达的细节，一步步地细写出来，甚至把每一步的表达方式与文字说明都写出来。所以，故事板也就是展示的剧本。对于信得过的设计师，这个剧本并不需要很详细，只要可供顾问委员们开会讨论的程度就可以了。这好比对于一位画家，我们无须要求草图一样。如果我们对设计师的能力不甚信赖，则故事板是可以详细检讨的重要阶段，不可错过。

可是，从故事板来判断展示的成败是不容易的，需要很有经验的熟手，这就如同自建筑图上判断建成后的成败需要很成熟的建筑师一样。博物馆的专业人员能自行判断的只是其内容是否合乎专业标准，有无谬误而已。这一点也很重要，而并非很容易得到共识。有一个很重要的原则：写故事板的人，一定要是实际负责完成展示设计，并督导展示制作的人。一个很好的故事板，如果由不适当的人执行，其精彩处可能尽失。不要以为好的故事板就能保证好的展示。这就是为什么一位伟大的电影导演一定要改写剧本，才能拍出他所喜欢的作品来。

人类文化厅中的中国医药，中国台湾自然科学博物馆　　人类文化厅中的科学与技术，中国台湾自然科学博物馆

人类文化厅中的中国台湾南岛民族，中国台湾自然科学博物馆

地球环境厅中的古代的中国人——半坡遗址的村落居民生活，中国台湾自然科学博物馆

这是再一次说明，艺术的创作过程并不是旁观者，或赞助者所能理解的，尤其是外行的赞助者。即使花费了极大的精力去试图了解创作过程，也仍然不能透视其真蕴。唯一的办法就是信赖、鼓励艺术家去自由发挥。基于此一理由，凡是执行展示工作的博物馆人员，一定要有相当程度的展示设计基础，以便可以沟通观念，否则就如同瞎子摸象，所表示之意见徒然造成设计师的困扰而已。

不管怎么说，这个故事板完成后，应该有一个汇报，确定设计师的构想已经得到执行单位与指导小组的同意，可以进行设计了。如果有问题，若属于枝节性的错误，自然随时可以改正；若为观念性、结构性问题，就只好从头再来。如果歧见甚深，此时的设计师很可能会放弃此一委托，或派遣比较次要的设计师来应付业主。因此一种互相真正沟通的达成是非常必要的！故事板大体无碍后，即可进行初步设计。

地球环境厅中的中国台湾自然生态——长滨文化人类的生活状态，中国台湾自然科学博物馆

地球环境厅中的考古文物修复室，中国台湾自然科学博物馆

四、完成初步设计

　　自故事板到初步设计，是把平面的故事立体化，使它接近展示完成时的状貌。这时候就是展示设计与室内设计最接近的阶段了。此时要考虑的两大要素：一是动线的分析；一是空间与造型的性格。尤其是前者，是执行者要特别重视的，同时因为它比较理性，可以分析与讨论。

　　空间与造型是比较感性，也就是比较属于设计师个人风格的部分，不容易有绝对的标准，因此不是讨论的内容。但是空间性格与动线的分析还是很有关系的。中国台湾自然科学博物馆的第四部分有一个生态造景厅，选择世界不同地区有特别风貌的景色布景，以展示生态环境与地理区域的关系。这种生态造景厅在美国的自然历史博物馆中占有非常重要的地位，造价昂贵，整体造型美观，但格局大多是中间有一广大空间，各景罗列两旁，如同一座富丽堂皇的大厅，四周挂了名家的绘画，相当动人。因此美国的大型自然史博物馆常常在造景厅请客，举行酒会，其平面大体如图 A 和 B 所示。

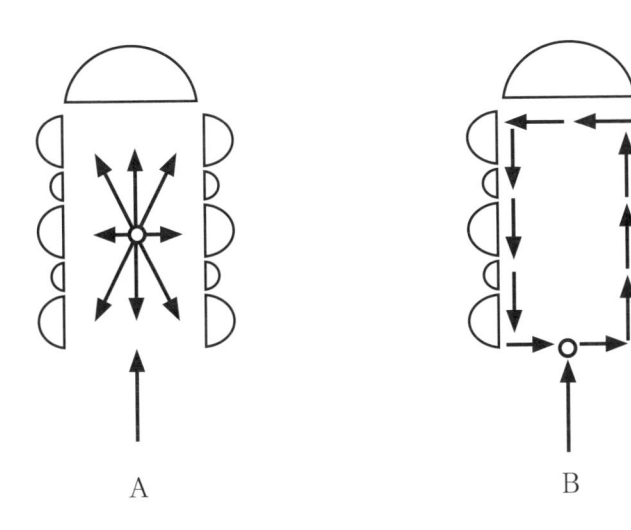

这样的展示厅，其格局是中央大厅，四周整齐排列的形式，造型必然是古典的。动线则是先有整体的感受，再循一边，环绕欣赏一周，其动线如 B 图所示。由于美国的这些造景厅大多属于同一地区（如非洲厅、北美厅），其次序并不重要，所以这种环形动线是合理的，可以兼顾入口时所见的整体气势。这种古典的造景厅有很多好处，还可以供短时间游客数分钟停留选看几处造景。只要在大厅中环视四周，即可决定选看何处了。通常匆忙的观众只进到端景最大的造景前面驻足一观即可，此时之动线可如图 C 或图 D。

这本来是非常理想的设计形式，美国的洛杉矶自然历史博物馆与旧金山科学博物馆都有这样一个大厅。可是随着时代的变迁，这种古典静态的展示观念逐渐被视为落伍，而无人问津。

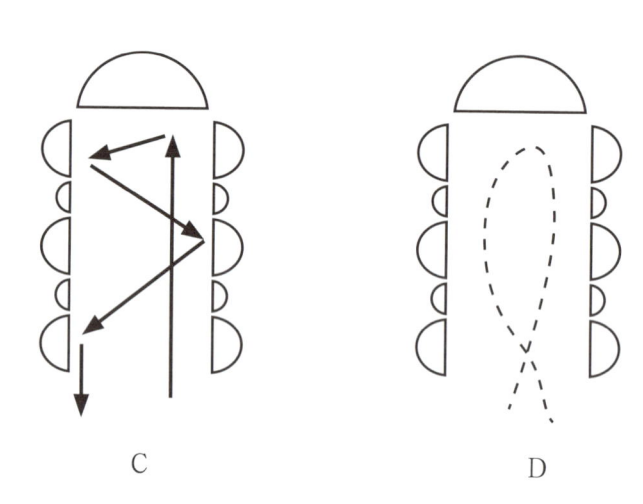

C　　　　　　　　D

非洲哺乳动物馆，美国洛杉矶自然历史博物馆（JLLmob，Los Angeles Country Museum of Natural History）

当我们把这个造景厅的想法告诉设计师以后，设计师的反应是不宜使用古典的式样。设计师提出当今的造景观念要有实感，要能"走进去"。这一点馆内的同人也知道，但"走进去"只能走进一个地区的造景，要走进六个不同地区是不可能的，而且我们希望保有古典造景厅的若干优点，其结果是一种妥协。其空间性格兼有两者，而两者差异甚大，设计师提出来的，是背对背的两个展示区，然后用动线串联起来。三个大型的造景，具有传统造景厅的吸引力，形成展示区的前半部。"走进去"的展示，占了略少于一半的面积，在主要造景的后面，观众动线为进入大厅后向左转，绕到后面的展示区，自右方回到大厅。为了使左转的移动很自然，设计师把三个比较小的造景集中在左边，形成一组，可以使观众感受到空间的深度，自然向前移动。参观完毕后，不期然就到达"走进去"的展示大门口了。[3]

"走进去"的展示路线

现代的动物标本展示方式中，尚有一种重要观念，即放弃画面的传统办法，使动物像雕塑一样突出于空间。设计师在主造景的左边，加强观众左向移动的吸引力，放置一堆石块，使不同的动物展现其生动的姿态。这些大体上都是可以讨论的，中国台湾自然科学博物馆的这种展示也是在讨论中决定的。大体上说，这一阶段设计师必须提出外行人比较容易了解的图样与模型。图样是立体图，即所谓室内的透视图。近来有了计算机仿真技术后，室内的模拟图样已可完全逼真展示，且可出现内部移动时的景观，使执行者更容易掌握完成后的景象，而有所抉择。

有一点很重要的是，这种计算机仿真动画必须在这一阶段提出，不可提前。这种动画，由于其动态通常非常吸引人，对于外行人来说，几乎都非常激动，不容易冷静地下判断。在比图时，这种设计尤其会抢得先机。所以，只有在大致的构想完成后，利用它来模拟，其用途才是正面的。

模型则是指静态的室内三度空间的模型。这是室内设计及展示设计最通用的工具，它本身也是一个艺术品。这种模型可以是粗糙的概念的，也可以是精致的、完美的。在此阶段，我们需要的是可以观察完成后的空间的感觉，所以应该是介于两者之间的。这种模型通常可以用摄影来模拟未来的内部景观。

完成这些表现性的图样与模型，可以准备一次扩大的汇报，尽可能使有关的人员参加，让设计师的构想与展示架构，即故事大要被馆内大部分相关人员了解，并提供意见。这个汇报上只能允许局部的修改，因此，执行人要与设计师站在同一立场，来说服少数有意见的人，最后的决策者、馆长或董事会代表应该早已有概念。如果这项汇报的内容是决策者第一次接触，就是很可怕的情况。当然，这种汇报还是会要求修改的，设计师通常也会在反对意见中发现有价值的内容而自动有所增删。

地球环境厅的造景，中国台湾自然科学博物馆

地球环境厅的中国东北温带林造景，中国台湾自然科学博物馆

展示作业的程序——设计

地球环境厅的东非稀树草原造景,中国台湾自然科学博物馆

五、完成设计

　　这是完整的设计图样装订成册的阶段,在实际作业中,为了争取时间,很少有人关心是否有完整的设计图样向馆方正式交代。因为在汇报上通常附有成册的说明与图样,大家习惯上都把汇报上的报告数据作为工作完成的记录。可是它的缺点是,有些数据曾被批评,或已建议修改。虽然大体上未变,但有很多细节是经过改动的。没有一份完整的设计图样,就没有正式接受的文件,日后遇到争议,就缺少正式的根据。

　　完整的图样,除了一般的平面图、断面图、立面图外,前面应该有构想的详细说明、组织架构的分析与空间的分配。以上的图样必要时应有分区详图,并用素描与文字述明展示品的大要。在图样的后面应附有简短的价目估算。估价在预算的范畴内是很重要的一项保证,这是设计师要对执行者所负的重要责任。

同时要附有时间表，亦即根据委托一方的预定开幕的时间，以专业的判断，设计师为馆方安排一个可以顺利完成的时间表。这个表中载明设计完成，亦即施工图说完成的时间，发包所需的时间，施工的各个段落及其需要的时间，乃至完成及验收的时间。这个表可以保证工作会按馆方的计划完成，同时也对馆方提出要求，必须按部就班地做，如果不能按表完成某些馆方应尽的责任，设计师是无法保证在预定的时间内完工的。这个时间表在规划阶段就已经有了，可是要经过历次的修改，逐渐切合实际。此时所提出来的，应该是最确定的时间表了。

造景，维也纳自然史博物馆

地球馆，日本东京国立科学博物馆，日本丹青社设计

后三叠纪展厅，德国斯图加特自然历史博物馆

展示作业的程序——设计

编注

1. 中华瑰宝展（The Splendors of Imperial China）分别在美国纽约大都会博物馆（1996/3/19—1996/5/19）、芝加哥美术馆（1996/6/29—1996/8/25）、旧金山亚洲艺术博物馆（1996/10/14—1996/12/8）、华盛顿国家艺术画廊（1997/1/19—1997/4/6）展出118幅画作与213件文物。此展览由鲁斯基金会（Henry Luce Foundation）、斯塔尔基金会（The Starr Foundation）、中国台湾人文基金会、中国台湾艺术基金会与联邦艺术与人文委员会资助。

中华瑰宝展一隅，美国纽约大都会博物馆

中华瑰宝展一隅，美国纽约大都会博物馆

2. 由展示设计师加德纳设计的生命科学厅包括了"生命的起源""我们的身体""恐龙的世界""大自然的声音""人类的演化""彩色世界""人口与粮食""数与形"等单元。

3. 地球环境厅的造景：左侧是加拿大冻原，其对面的右侧是中国东北温带林，厅的正面是东非稀树草原，在东非稀树草原的左侧有巨石，巨石上栖息多种动物吸引观众，在大厅后侧有婆罗门红树林、加拉巴哥海岸、美国索诺兰沙漠与哥斯达黎加雨林等造景。

地球环境厅的加拉巴哥海岸造景，中国台湾自然科学博物馆

展示作业的程序——设计

07 展示作业的程序——施工图说

施工图说

设计作业的最后一步是施工图说的完成。施工图说在建筑界是定义分明的,但是在展示设计上则有很多变量,分别说明如下。

一、施工图说的详尽程度与设计费率有关。

在选择设计师的时候,一定要签委托合约,其中载明设计的费率。规划费通常是一笔明确的费用,根据工作人员与时数计算出来另加利润,问题不大,可是设计费就大有问题了。因为设计的费率与政府的规定、机关的预算、工作的内容都是相关联的。

在中国台湾,建筑的设计监造费有一定的标准。官方发布的标准,机关大多遵行,或因预算不足略有减少。比起民间的付费标准,这已经很不错了。有些机关为了表示清廉,还采用议价的方式,与设计师讨价还价,这是不明白设计师是自由职业,议价是没有意义的。负责任的自由职业者,付多少钱做多少事,这一点,官方大多无法了解。除了建筑之外,官方缺乏标准,这是没有经验的缘故,因此室内设计师就感到非常困扰。

展示设计属于室内设计的一种,而且是特别精致的室内设计，需要设计师的全心投入，所以其设计费率在国际上是很高的，在中国台湾就很难执行了。一般来说，展示的费率，视计划的大小与设计的性质而有所差异，但一个良好的展示，要付百分之十五到三十的设计费。中国台湾自然科学博物馆与科学工艺博物馆所付的设计费，经过上级的同意，是百分之二十以下，已经在合理的范围之内了。但是，省政府很难接受这样的高费率，因此省立博物馆的设计委托遭遇到很大的困难。在公开比价的时候，以百分之二的费率被一所设计单位所得，因而陷于泥沼而无法自拔。

要产生一份良好的施工图，其费率必须与内容的详尽程度相配合。中国台湾很多单位对室内装修不付设计费，因此就没有室内设计的施工图。这是减少工作费用的方法，在室内与展示设计上都用得到。换言之，如果付不起较高的设计费，可以不必要求施工图。

没有施工图可以施工吗？可以。就是要施工单位按习惯工法施工。在限时完成的商业展览中，大多不画施工图，在约定俗成的行业里，施工图是没有意义的，如古建筑修复业。因为施工图的目的是让工人了解平时所不了解的工法，除了非常特殊的展示，确无施工图的必要。举例说，设计图上有一张画挂在墙上，前面有玻璃保护。如果没有施工图，这张画及前面的玻璃可能是各种习惯用法。最可能的是把画镶在有玻璃的画框里，也可能是在玻璃柜里挂画。如果这幅画是版画，很可能是把画挂在墙上，上面再加一层玻璃板。如何做，完全由施工单位依其经验判定。展示设计施工的单位通常是全能的，其现场负责人也可能是设计师，也可能是有经验的匠师，能得到的就是他们依经验与造价下的判断。不会

《春树奇峰》，郎静山，没有玻璃保护照片的展示

在玻璃柜内挂画的展示

太差,也不会太好。如果不挑剔,勉强可以接受。如果能找到一家程度不错的施工厂商,他们考虑制作的结果,大多是可以接受的。然而有特别的要求,情形就不同了。

二、施工图的详尽与否与设计是否特殊有关

特殊设计的产生来自三个因素:其一,博物馆本身的需求非常特殊,不是一般展示中可以见到的;其二,设计师有意为博物馆设计一个不同凡响的展示,想一展身手;其三,馆主与设计师都打算用特别认真的态度来完成此展示。

第一种情形最多。比如中国台湾自然科学博物馆要在中国科学厅建一座水运仪象台,这是过去从来没有做过的,有的,是大陆的小比例尺的模型,且并未真正运作。这样的展示,没有施工图是不可能的。由于设计师无能力提供图样,

水运仪象台，中国台湾自然科学博物馆　　水运仪象台，中国台湾自然科学博物馆

中国台湾自然科学博物馆的研究人员才自己动员起来，画出施工详图，否则是无法完成的。其实中国台湾自然科学博物馆在开幕时，水运仪象台的运作系统仍然是实验性的，只是实验成功而已。这座水运台直到最近，也就是在开幕三年以后，才真正完成金属的水力输动系统。这类情形，在科学馆是屡见不鲜的。

　　第二种情形也不少见。比如中国台湾自然科学博物馆的生命演化展示中，有一个展示是地壳板块漂流。这是很普通的故事，设计师希望创造一个新式的展示，就设计了一个圆形的台子，上面有各大板块，按电钮，板块就恢复到若干亿年前板块相挤在一起的情形。再按电钮，板块又漂回今天各大洲的分布情形。这是很难做到的，他只好把图画出来，工人才会做。事实上，这个展示常常失灵，因为一个创新的设计是不容易做到的。

第三种情形比较少，但却是最需要的。最好的例子就是前文中所举的画与玻璃护柜的展示。一个负责的设计师就会在此普通的展示上，做出与众不同的设计。他会想到玻璃可能会反光，使观众看不清楚。他可能想到灯光照射的角度如何不影响绘画表面的质感，而且使观众有亲切感。这就要动特殊的脑筋，特别细致地思考。在视觉效果上，在对展品的维护上，都是考虑的因素。其结果就会发现，一个非常普通的事例，可能成为一个困难的问题，绞尽脑汁，仍然得不到理想的答案。而即使成功，也不过使观众高兴些而已，可能亦无所觉。

当然，动人的，与众不同的展示，必然是特殊的展示。要达到这个目的，博物馆的负责人、设计师都要有某种使命感，准备创造出新的展示，足以为博物馆展示的表率。要达到此目的，另一个条件就是有足够的经费。这在中国台湾已经不太成问题了。

中国医药的玻璃柜展示，中国台湾自然科学博物馆　　生命科学厅中展示动物标本的玻璃柜，中国台湾自然科学博物馆

施工图说的需要性

施工图是否需要详尽与能否选择施工单位有关。如果有很好的施工单位可以依赖，就不必画施工图，至少不必有过分的详图。怎么知道施工单位必然是优秀的呢？有了选择施工单位的权力就可以。

在中国台湾，室内设计常常不画施工详图，是因为直接交由制作公司负责。也就是说，设计与施工是同一个单位。实际上这是最理想的情形。尤其是在设计师与施工单位互相合作，而且都是第一流质量的时候。

中国台湾自然科学博物馆在全馆完工的前夕，决定做一个馆史的展示，但是到了开馆前三个月才完成展示的内容。这时候，政府尚有较大的授权，所以就决定交由一个优秀的设计师及他相关的制作公司去负责。这样我们不必付设计

馆史室之一，中国台湾自然科学博物馆　　　　　　　　馆史室之二，中国台湾自然科学博物馆

费，而且可以在很短的时间内，制作出外国人都点头的高质量展示。设计师没有画施工图，可以直接交代给工人施工，而且可任意由设计师修改，这是非常成功的例子，值得参考。可惜今天这种机会已经很少了。

如果施工单位与设计师并无统属关系，优秀的施工厂商可以为设计师补充施工详图，设计师也可减少施工图的分量。通常在设计费率很低的时候，设计师就会把施工详图完全交由承包厂商制作，并写在合约中。事实上，在欧美国家和日本，建筑与展示设计都已经把专业的施工图交由厂商完成，而由设计师负责审核。这就是所谓 shop drawing 施工图。设计师是统合者，无法懂得每样东西，尤其在进步的时代，专业化已是很普遍的现象。比如，在展示设计中指定的机械、电机或计算机类部分，实非厂商负责提供详图不可。在文物类博物馆中，地震带预防文物受灾害，其设计就是一种复杂的机械，非专家无能为力。

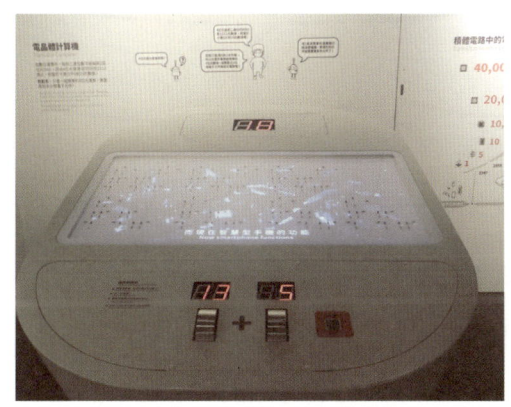

展示所需的计算机设备，中国台湾自然科学博物馆　　展示所用的机械设备，中国台湾自然科学博物馆

展示作业的程序——施工图说

中国台湾自然科学博物馆的第二期工程生命科学厅的设计，因费率偏低，在发包的预算中，特别列出某一百分比的细部施工图费用，由厂商支配。其中包括机、电设计与计算机软件开发的费用。在这种情形之下，自习惯方式来看，等于把专业设计的工作延后到施工阶段来做。其专业设计放在设计时间还是施工阶段都没有分别，唯一的分别是设计时间乃由雇主严密监督，而施工阶段则由设计师代表雇主监督、协调。雇主只问效果。其实很多专业设计不是业主所了解，甚至熟悉的，交由负责任的设计师，通常比较有利。下图可以帮助了解此种分别。由图看，可知不同的设计合约，必然产生不同的施工合约，亦产生不同的监工作业方式。所以在施工图的阶段，除了必须制成详细估价，以便发包，也要建议发包与监造方式。

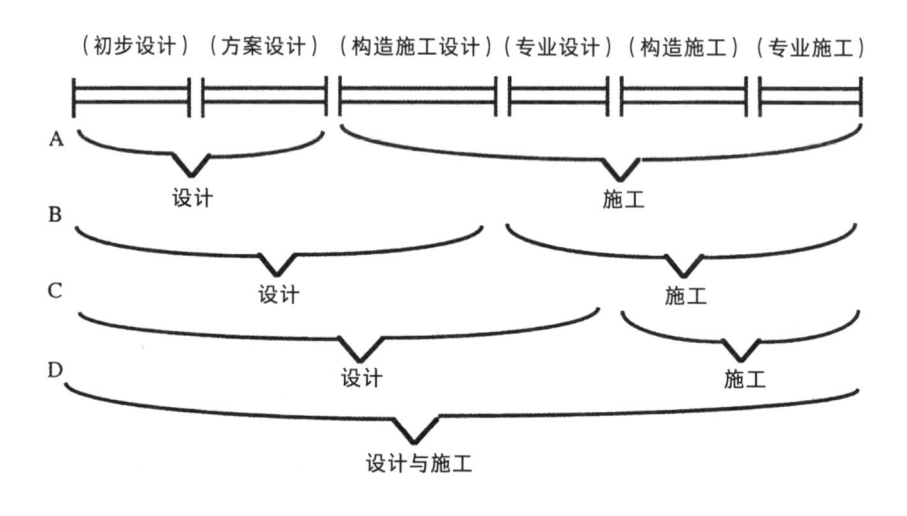

（初步设计）（方案设计）（构造施工设计）（专业设计）（构造施工）（专业施工）

A 设计 　　　　　　　施工
B 设计 　　　　　　　施工
C 设计 　　　　　　　施工
D 设计与施工

展示设计合约

发包的方式与监造的方式是互相配合的。

有时候根本无须监工，如 A 情形。设计师所签为基本设计合约，对施工详情无法控制，或者是由设计师本人负责施工，两种情形都无须监工。此时例行监督工作落在馆内人员的身上，验收则十分重要。

B 情形是一般设计合约，设计师的工作包括构造施工图样（即室内设计的水平），但专业设计以下是在设计师的督导下完成。这种情形必须包含监工，否则无法使设计构想实现。一般说来，设计费在百分之十与十五之间。

所谓特殊设计合约，是指一切详图均画出的合约，视展示性质的不同，设计费要加倍，或增加百分之五十。此种情形 C 由于施工图非常详细，发包后施工单位很容易工作，没有过多的问题，所以理论上说，可以请第三者监造。当然也可以由馆方人员监造。通常仍然由原设计师负责。至于 D 情形，就是统包，自设计到施工由一个单位完成，尤其无监工的可能或需要了。

08 展示作业的程序——施工作业

施工作业的第一个阶段就是发包。根据政府作业的规定，发包就要公开招标，视厂商的价格高低来决定谁来承造。这个办法最没有办法保证质量。因为政府对于展示施工的行业并没有资格检定的机制，也没有规范，只是一般商业，在唯利是图，以及民意代表经商的普遍情形下，不加选择的公开招标必然会失败的。

招标规范

依政府的办法，不能公开招标，就进行有限制的招标。限制就是限制资格，以排除没有施工能力的厂家来承造。一般来说，政府不喜欢这个办法，因为限制资格有"绑标"的嫌疑，有时候他们不得不同意。通常限制资格是以经验为前提。规定过去曾经完成多大的规模，高级质量的展示者才可以参加比价。有了限制就要审查其证明文件。在比较严格的限制中，尚包含公司的规模，如人员的多寡等。原则上，只要有了可以做好展示的保证，参加竞标的公司越多越好。可是事实上在中国台湾这种公司是寥若晨星的。因此，一个比较大规模的展示工程，非开国际标不可。

开国际标并不表示要到全世界刊登广告。照中国台湾的规定，国际标可以在台湾报纸公告。这不是掩耳盗铃吗？是有点这个味道，但这可以鼓励台湾的商家引介国外的公司参加投标。因为来此投标的国外公司如有台湾商家为代表，在作业中就可以有多种方便。其实外国的公司对台湾的情况一无所知，即使在国外的报纸上看到招标的消息，也不一定愿意前来一试。有了投标的需要，有时候必须用各种方法邀请外国公司来投。

　　其实比较实际而有效率的办法是邀约某些厂商来比价。这个办法必须经过漫长的手续才能得到当地政府的批准，除非有充分的时间否则不必尝试。可是私人博物馆计划布展时就应该自此开始构想。作业的方式是先进行国际性的亲身查验，通过各种渠道，尽可能地收集优秀厂商的名单，加以筛选后，派员前往考察、评估是最有效的办法。可以参观他们的工厂，参观他们施工完成的展示，并与他们的主要负责人见面，探听其意愿及是否有信心做好。经过访查，加上推介者的意见，可以请设计师做初步的筛选。这是很重要的，因为设计师坚决反对的厂商会有合作上的困难，是不能勉强的。

　　这种方式的比价确实可靠，也比与一家厂商议价还要容易得多，可惜台湾的相关单位却很少使用。中国台湾自然科学博物馆的生命科学厅就是与一家厂商议价造的。如果不是当时负责的审计部主管开明，是绝无可能办得到的。经察访，该公司为英国国营，而且有广泛的展示施工经验，是我们非常乐意支持的理由。该馆生命科学厅的效果有口皆碑，是很成功的例子。

生命科学厅——人耳内的小骨，中国台湾自然科学博物馆

生命科学厅——人类生活的演进，中国台湾自然科学博物馆

生命科学厅展厅一隅，中国台湾自然科学博物馆

专门制作

在展示作业中，有一种专家是不能涵盖在设计师或施工厂商之中的。比如中国台湾科学工艺博物馆中的钟表制造家和标本制作家。在外国，为求高质量，每种专业都是独立的。在博物馆中聘任专家的时代已经过去，这些独立的专业者，有时再依类更细微的专家，更不是博物馆所能掌握的了。

为了保证质量，在施工作业中应该把专门制作人员与承包商分开，由雇主单独签订合约。这是最理想的办法，可以避免专门制作人员必须通过承包商，形成剥削或造成双头马车，不知向何方向行驶。这些专门技术人员与雇主签约后，是在设计师的监督之下进行的。中国台湾自然科学博物馆的生命科学厅就是用这个方法，分别与专门技术人员签了七个合约。为求精良，专技人员几乎遍及欧美。如果制作动物模本的人会做第一流的北极熊，就只请他做北极熊，其他动物也请特别擅长的人做。恐龙厅中有各种恐龙的模型，模型制作家也有各自的专长，因此也是分别请人制作的。又如丹麦有世界上最优秀的玻璃雕刻家，所以生命科学厅的远古海底动物的玻璃浮刻是请他们做的。而"我们的身体"厅中有一个透明玻璃人，那是美国芝加哥的专家所做，因为他们做的此种模型人人称道。

生命科学厅浣熊标本，中国台湾自然科学博物馆

生命科学厅的恐龙，中国台湾自然科学博物馆

生命科学厅中远古海底动物玻璃浮刻，中国台湾自然科学博物馆

在文物展览中，复制的技术是非常重要的，因此复制专家是重要的资源。如人物蜡像在很多博物馆中都有需要，其优劣相差甚大，可以决定一个展示的水平，不可轻忽。在中国台湾与大陆，有少数极佳的复制专家，也有相当草率的制作人员，并不一定表现在价格上。比如科博馆的两具复制自秦始皇兵马俑博物馆的铜车马。一号与二号分别由两个不同的复制单位所制，其标准有相当的差距。一号可以完全乱真，二号则不能与原品比对。中国医药厅中的元代铜人，完全是根据照片复制的，与原品已可乱真。聘请专家的主要问题是缺少讯息，如何得到正确的讯息，找出最理想的制作家，是

展示作业的程序——施工作业

很困难的一件事。通常一位设计师成为名家，也是因为他能掌握一些讯息，知道可以在何处找到何种专家。有时候为了方便，把这类专家工作一次发包给厂商，但却留着一个条件，就是制作专家必须经设计师或雇主的批准。这是要厂商负起寻找正确讯息的责任。困难处是，如果厂商所推荐的专家一

中国医药厅展示的人物蜡像，中国台湾自然科学博物馆

直不能被雇主所认可，寻觅优秀专门技术人员的责任还是要落在设计师身上，这可以说明有能力的设计师是一切展示成功的必要条件。

中国科学厅水运仪象台俯视，中国台湾自然科学博物馆

中国科学厅水运仪象台顶部的浑仪，中国台湾自然科学博物馆

展示作业的程序——施工作业

中国科学厅中的水运仪象台，中国台湾自然科学博物馆

中国科学厅复制自秦始皇兵马俑博物馆的一号铜车马，中国台湾自然科学博物馆

中国科学厅复制自秦始皇兵马俑博物馆的二号铜车马，中国台湾自然科学博物馆

施工作业中，订定合约，按合约监制当然是很重要的步骤。在中国台湾，这尤其被认为是雇主的责任。但是展示制作与建筑大不相同。建筑的构造是在现地完成，展示的零件却是在工厂制作，再运来工地安装的。在进步的国家，即使是最基本的木质板面也是用厂制的方式，极少在现场制作。相反的，中国台湾的室内工程则大多在现场制作，因此在中国台湾施工比起在英国、美国施工要贵得多。

地球环境厅美国索诺拉沙漠的生态造景，中国台湾自然科学博物馆

地球环境厅加拿大冻原的生态造景，中国台湾自然科学博物馆

地球环境厅东非稀树草原的生态造景，中国台湾自然科学博物馆

　　由于大多是厂制，监工实在不是问题。可是，在施工期间的督导与沟通却十分重要。因为一旦需要督导与沟通，就必须先做好计划。把施工的程序订定为几个段落，实施简报式的沟通，查验有无问题存在，或从事关键性的验收。对于复杂的制作，应该有数次的简报，或厂地访查。遇有必要，可以改变局部的内容，如有严重的质量问题，对于专家制作的展品，需要于安装或装船之前予以检验，实际上是局部的验收。很多装置性的展示，比如生态造景，应在出厂之前先予以组装，待雇主验看同意后再解体装运。整体的展示架构，要在厂中组装，验明在构造结合上没有问题，才可以解体装运。因此，为了保证展品质量，如在国外制作，要多次派员查验，才能保证效果。

施工合约

订合约本是正式施工程序的第一步。它是设计、施工到监工方式的合法化,反映了整个展示设计过程的精神,所以很重要。让我们依上文中展示设计合约的图表,来说明施工合约。

第一类是统包合约,外国人称之为 Turn Key。就是说,把一切交给一家公司,你只要到时候开锁进去就成了,不要担心任何事。这种合约是把设计包括在施工中,所以只有一个合约,竞标时,视哪家公司的计划周详,费用合理,信用卓著,就用哪家公司。公司的信用非常重要,因为采用统包合约有三大原因:其一为时间紧迫,必须限时完工;其二为主办机关完全没有督导的人员;其三,作业经费并不十分充裕,都表明要对委办的公司给予充分的信任。这类方式博物馆极少使用,因为博物馆的要求比较精确,专业人员充足,完全假手他人是不太可能的。用于商展或临时展示者多。前几年中国台湾台北动物园委托东海大学制作演化馆就是统包。

第二类是特殊施工合约。就是合约中包含了构造的施工设计,也就是画施工图。在这类合约中,设计师可以监造,也可以不必监造,所以多是在馆内人员充足,而且意见较多的情形下的产物。因为施工单位比设计单位更容易配合馆内人员的意见,而设计师在此情形下以顾问身份出现者较多。中国台湾自然科学博物馆的第三、四期计划大体是采用此种办法,因为馆内人员已有相当实力可以指挥展示的进行。

第三类是一般的合约。即由设计师把施工图画好，施工单位按图施工，除了聘用专门技术人员外，特殊展示部分的设计也交由施工单位办理。这是与一般建筑计划不同的地方。所谓一般合约，就是最普通的情形，也是最容易管理，成果最容易控制的合约关系。这种合约关系，通常设计师要兼有监督任务，因为特殊专业的设计必须设计师去督导与检验。

为什么这样方便的方式，常不为博物馆采用？主要因为，其一，博物馆内的工作人员很难插手，按图面施工，比较没有弹性。其二，特殊展示的设计图不宜交由施工单位去画，必须由设计师直接寻求专家办理。如中国台湾自然科学博物馆的植物园由设计师寻求钢架建筑专家设计温室，要经由复委托达成。

植物园钢架结构的温室，中国台湾自然科学博物馆

第四类情形，为基本施工合约。即由设计师准备好一切图样，施工单位完全按图施工，不做任何更改。这种情形，实际上是设计师主导工程，虽然他不一定负责监造。这样把一切工作加在设计师身上的办法，设计费非常昂贵，是很难被采用的原因，除此之外，此法最为干净利落、责任分明，几乎无须特殊工作人员去管理。它的缺点是过分缺乏弹性，很容易引起设计单位与施工单位的纠纷。比如展示中某些细部的图样不全，会造成工程的延宕。如果因此耽误工期，会受到合约中规定的罚款处罚，甚至会对簿公堂。由于展示施工十分琐细，图样完备并不可能，这种完全依赖设计师的办法是不容易行得通的。

施工中如有非常好的制作，施工单位常常在装运之前，做一展览，使当地民众知道他们有这样的可以骄傲的成绩。比如中国台湾自然科学博物馆在英国订制的恐龙模型，完工后，经该馆的同意，在大英博物馆自然史馆展示，引起媒体注意。又如该馆第四期的环境剧场，为一创新式的设计。该承建公司在完成后，在英组装完成，并由科博馆派员前往检验，在验收的同时，该公司办理一场公开展览，邀得各博物馆及媒体记者参观，一时引起英国相关机构的注意。这种公开展览有助于当地公众协助检视其成果，亦可收宣传之效。

中国台湾自然科学博物馆中的环境剧场

中国台湾自然科学博物馆中的恐龙模型

展示作业的程序——施工作业

物质世界展示区内借由计算机操作之展示，中国台湾自然科学博物馆

在施工监督时，最需要详细注意者为软件的制作，这包括一切字版的印制，与计算机节目的软件。在现代展示中，通常有很多计算机节目作为辅助性的展览工具。其软件外包时，多因工作属于附带性，而未经故事板阶段的检视。实际上，计算机节目本身就是一个独立的展示，只是因为所占分量甚少，作业中不可能为每一个软件大张旗鼓地通过审查的程序。在监造期间，软件告一段落时，就是适当地检查其内容是否合宜的时机。所以，博物馆展示的监工作业有时不及验收作业重要。监工期间的一些小规模的验收，几乎构成最后验收作业的相当大的一部分。

在统包合约中，情况略异，验收是唯一的一次彻底检视是否满意的机会。好在统包的合约，通常在性质上不具有精确的要求，而且完全依赖对展示制作公司的信任，只要在整体的观众反应上达到展示的目的就可以了。即使如此，也不宜忘怀在制作上轻忽是不应发生的事情。

在一般设计合约与特殊设计合约中，监造的责任相当重，与验收作业连接在一起，很难分开考虑，所以验收的方式与责任，应该在设计合约与施工合约中载明。设计公司应在哪些阶段参与，应有哪些权力在初步验收中负责，事后如有不符应负哪些责任，都应该在合约中载明。这是因为展示制作非常繁细，项目众多，很多付款作业都要设计师签验，而雇主并无暇顾及。雇主虽然承认各阶段的签验，但事后发现不符合的情形，设计师不能因雇主已同意而解脱其责任。

在基本设计合约的情形下，由于设计师只完成方案设计，对于施工设计部分并未参与，如果负有监工责任，则视业主依赖此设计师的程度而定。他可以是一位全责的设计师，督导施工图的制作，负责工厂制作的监督，同时也帮助业主验收。但是，他可以只是一个顾问，在施工时分数次听取简报，表达意见，或负责检阅及批准纸上作业的成果，提出建议，或只是参与最后的验收工作，评估展示作业的成败。这些当然要在设计合约中订妥。如果不依赖设计师监工，则馆内人员要负起责任，因此在施工合约中无论如何要载明施工单位必须配合的责任与限度。比如在施工中更改图样由何方负责等。

科学中心二楼半导体世界展示一隅，中国台湾自然科学博物馆

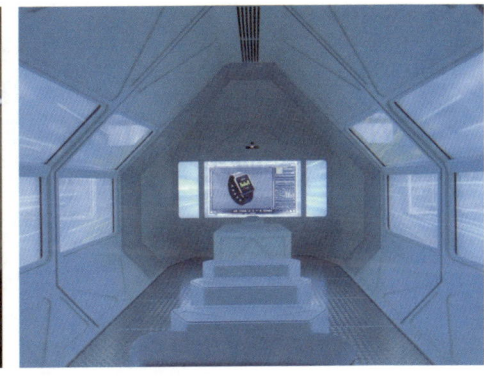

科学中心二楼半导体世界的IC探索号，中国台湾自然科学博物馆

系统性思考+美感化教育
编后记／黄健敏

——

　　1977年汉先生离开中国台湾东海大学建筑系，转至中国台湾中兴大学出任理工学院院长，在任内兼负成立中国台湾自然科学博物馆的任务。历经十二年半筚路蓝缕的筹备，1987年博物馆正式成立，至1993年全馆四期建设完成开馆。在筹备建馆期间，汉先生多次至国外考察，对于一个完全没有收藏品的新馆，拟定以主题作为展示方式，而非循国外许多自然史博物馆的分类式展示。这是一项突破性的构思，以吸引大众达成社会教育为目的，首期建设以科学中心与立体剧场为主。

　　汉先生认为，中国台湾自然科学博物馆应以大众教育为目标，除了科学，更应当着重培育美感，所以展示的规划即设计莫不念兹在兹地要求具有美感，使观众在人性化的愉悦氛围中享受博物馆之行，这也是他晚年积极致力于推动美感教育的缘由。

　　正在风风火火为成立具有国际水平的博物馆尽心尽力的汉先生，竟然又承担了另一项委任——成立一所艺术学院。汉先生心目中的艺术学院以创造性的研究所为主。基于中国台湾自然科学博物馆的建馆经验，他在艺术学院开设了博物馆学研究所、艺术史与艺术评论研究所、古物维护研究所等九个研究所，以及一贯制的音乐系与国乐系等。

　　在博物馆学研究所，汉先生亲自授课，开设了博物馆规划与展示规划两门课程。汉先生从理性出发，讲求逻辑系统，早年在中国台湾东海大学建筑学系时，特开设了设计方法论课程，并且翻译《合理的设计原则》作为参考书。1969年汉先生将原主编的《建筑》双月刊易名为《建筑与计划》。这两件事展现了汉先生的视野与高见。汉先生个性锲而不舍，坚持把事情做好做完，且以系统化的思考做事，谋定而后动，这般的个性在台南艺术学院的教学亦显现。因为教学需要，汉先生以其经营中国台湾自然科学博物馆的经验为基础撰写讲义，希望能够让学生们从理论到实务系统地学习。这些讲义于2000年经马佩佩、李淑惠、卢秀琴、曾信杰与吕佩怡等学生协助整理，出版了《博物馆管理》与《展示规划——理论与实务》两书。

博物馆事业在汉先生的生涯中居极璀璨的年华，因此在编辑"汉宝德系列"丛书之际，于2019年选录前述两书的部分章节，再汇集他所撰写有关博物馆的诸多文章，完成《迈向缪斯 汉宝德谈博物馆》一书，此书的内容丰富，是系列丛书中最厚的一本，可是仍有不少章节囿限于篇幅，不得不割爱未加以收录。有鉴于仍有许多寓永睿智的文章成为遗珠，乃有编续谈博物馆之意。

《展示缪思：汉宝德再谈博物馆》以展示为主题，内容起启于博物馆本质，迄至展示之施作，诚如汉先生所言"展示设计不能不了解博物馆建筑""展示设计是一种艺术""博物馆肩负教育目标，那就是群育与美育"，因此本书之章节贯穿汉先生的理念，呈现博物馆的展示意境。

汉宝德创办的中国台湾台南艺术大学 　《合理的设计原则》书影 　《博物馆管理》书影 　《展示规划——理论与实务》书影

展示作业的程序——施工作业

展示缪斯 汉宝德艺术札记
汉寶德 再谈博物馆

图书在版编目(CIP)数据

展示缪斯:汉宝德再谈博物馆/汉宝德著;黄健敏编.——北京:文化发展出版社,2024.8
ISBN 978-7-5142-4291-1

Ⅰ.①展… Ⅱ.①汉…②黄… Ⅲ.①博物馆-工作-研究 Ⅳ.①G26

中国国家版本馆CIP数据核字(2024)第027869号

版权登记号:01-2024-3437

展示缪斯:汉宝德再谈博物馆

汉宝德 著　黄健敏 主编

出 版 人：宋　娜	策划编辑：孙　烨	责任编辑：孙　烨
责任校对：岳智勇	责任印制：杨　骏	
封面设计：张雪娇	排版设计：张雪娇	

出版发行：文化发展出版社（北京市翠微路2号　邮编：100036）
发行电话：010-88275993　　010-88275711
网　　址：www.WenHuaFaZhan.com
经　　销：全国新华书店
印　　刷：鸿博睿特（天津）印刷科技有限公司

开　　本：710mm×1000mm　1/16
字　　数：270千字
印　　张：14
版　　次：2024年8月第1版
印　　次：2024年8月第1次印刷

定　　价：88.00元
ISBN：978-7-5142-4291-1

◆ 如有印装质量问题，请与我社印制部联系　电话：010-88275720